根っこと翼

皇后美智子さまという存在の輝き

SUEMORI Chieko
末盛千枝子

新潮社

著者が手がけた皇后さまのご本。左から『THE ANIMALS「どうぶつたち」』『橋をかける 子供時代の読書の思い出』『バーゼルより 子どもと本を結ぶ人たちへ』『THE MAGIC POCKET「ふしぎな ポケット」』
© 新潮社写真部

著者の父・舟越保武の彫刻展「まなざしの向こうに」（練馬区立美術館）にて。代表作の一つ「ダミアン神父」像を鑑賞される皇后さまと著者（平成27年8月）　© 練馬区

「舟越保武の世界」展（世田谷美術館）にて。左から著者の母・道子、著者、著者の父・舟越保武、皇后さま（平成６年５月）（著者提供）

IBBY（国際児童図書評議会）創立五十周年記念バーゼル大会にて、絵本作家イエルク・ミュラーと（平成14年）

IBBYバーゼル大会の開会式でお祝いのスピーチをされる皇后さま（平成14年）　©IBBY

IBBYバーゼル大会で基調講演の開始を待たれる皇后さまと著者(右から２番目)(平成14年)

バーゼル市内にて。左から、IBBY 事務局長のリーナ・マイセン、島多代氏（平成 14 年）

宿泊されていたバーゼル市内のホテル前にて（平成 14 年）　（著者提供）

まど・みちお氏の国際アンデルセン賞受賞をお祝いする青学会館でのパーティーにて。
皇后さまの隣りがまど氏（平成６年）　©JBBY

“Princess Michiko” ’93

“Empress Michiko” ’96

舞妃蓮 2005

プリンセスミチコ 2019

皇后さまにちなんで名付けられた花々 （著者提供）

ご結婚のためご実家の正田家を出られる美智子さまと、見送るご両親。左から正田英三郎氏、富美子さん、そしてご家族（昭和34年4月）

日光にて天皇陛下自らが撮影された皇后さま（昭和38年）　©宮内庁

「着袴の儀」の際の笑顔の紀宮さま（昭和 48 年 12 月）　© 宮内庁

若菜つみをされる皇后さまと紀宮さま（昭和 56 年 4 月）　© 宮内庁

国際福祉協会創立六十周年記念晩餐会「チェリー・ブロッサム・チャリティーボール」で20年ぶりにダンスを披露された両陛下（平成25年4月）
© 共同通信社

静かに行くものは　健やかに行く
　健やかに行くものは　遠く行く

目次

根っこと翼　皇后美智子さまという存在の輝き

静かで美しい言葉

平成三十一年四月三十日――。ご存知のようにこの日に天皇陛下がご譲位されることが正式に決まった。寂しいような、でも、感無量の思いといった方がふさわしく、この時代を考え、皇后さまのお気持ちはどのようであられるだろうと思いを馳せている。そんな折、久しぶりに、『橋をかける　子供時代の読書の思い出』を取り出してみて、改めて圧倒されるような感動を覚えた。

インドのニューデリーで一九九八年（平成十年）九月に行われたＩＢＢＹ（国際児童図書評議会）の世界大会の時、皇后さまはＶＴＲではあったけれど、歴史的と言っていいほど素晴らしい基調講演をなさり、世界の児童書関係者に深い感動を与えた。その大会は「子供の本を通しての平和」というテーマで行われたので、それに沿って、子どもの頃どのような本に出会ってきたか、そして、それが成長する時にどのような影響を与えてくれたかという、ご自分にしかわからない、極めて個人的な思い、内面的とも言えるお話をなさったのだ。

それがのちに『橋をかける』という日英両語を合わせて記した名著になり、ロシア、チェコ、韓国、中国、タイ、ブラジル（ポルトガル語）、ウクライナなど世界各国でも日本語を併記して出版されることになった。それほど素晴らしいものだった。つい最近、ベトナムでも出版された。

その中で皇后さまはご自分にとって、子ども時代に出会った書物がどんなに重要なものになったかを率直に話しておられる。それを読むと、今私たちが、様々な場面でお見受けする皇后さまの存在の美しさ、それがどのようにして培われたものだったかを窺い知ることができると言っても過言ではない。また、それを知ることは誰の人生にとっても、実に貴重な物語となって語りかけてくれると言えると思う。

このお話を通して、例えばロシアでは、長いソ連時代に発禁になっていた本が、新しく出版されるということまであったと聞く。それほど感動的な出来事だった。

皇后さまは『橋をかける』のなかで、ご自分の子ども時代の読書について、次のように述べておられる。

今振り返って、私にとり、子供時代の読書とは何だったのでしょう。

何よりも、それは私に楽しみを与えてくれました。そして、その後に来る、青年期の読書のための基礎を作ってくれました。

それはある時には私に根っこを与え、ある時には翼をくれました。この根っこと翼は、私が外に、内に、橋をかけ、自分の世界を少しずつ広げて育っていくときに、大きな助けとなってくれました。

読書は私に、悲しみや喜びにつき、思い巡らす機会を与えてくれました。本の中には、さまざまな悲しみが描かれており、私が、自分以外の人がどれほどに深くものを感じ、どれだけ多く傷ついているかを気づかされたのは、本を読むことによってでした。

自分とは比較にならぬ多くの苦しみ、悲しみを経ている子供達の存在を思いますと、私は、自分の恵まれ、保護されていた子供時代に、なお悲しみはあったと言うことを控えるべきかもしれません。しかしどのような生にも悲しみはあり、一人一人の子供の涙には、それなりの重さがあります。私が、自分の小さな悲しみの中で、本の中に喜びを見出せたことは恩恵でした。本の中で人生の悲しみを知ることは、自分の人生に幾ばくかの厚みを加え、他者への思いを深めますが、本の中で、過去現在の作家の創作の源となった喜びに触れることは、読む者に生きる喜びを与え、失意の時に生きようとする希望を取り戻させ、再び飛翔する翼をととのえさせます。悲しみの多いこの世を子供が生き続けるためには、悲しみに耐える心が養われると共に、喜びを敏感に感じとる心、又、喜びに向かって伸びようとする心が養われることが大切だと思います。

そして最後にもう一つ、本への感謝をこめてつけ加えます。読書は、人生の全てが、決して単純でないことを教えてくれました。私たちは、複雑さに耐えて生きていかなければならないということ。人と人との関係においても。国と国との関係においても。

特にこの最後の部分などは、まるで今の世の中をそのまま語っておられるようではないか。常に天皇陛下のおそばで陛下を支えて、困難にある人たちに心を寄せられるお姿は、日本においてはもちろん、世界中の人たちにも深い感銘を与えておられる。

私は以前「すえもりブックス」という出版社を経営していて、不思議なご縁でこの『橋をかける』を出版させていただくというまるで奇跡のような機会に恵まれ、それ以来二十年余にわたって親しくお付き合いさせていただいている。そういう中で、知り、感じる皇后さまの素顔は、私一人の中にしまっておくのはあまりにもったいないように思ってきた。散々迷った挙句、恐れながらも雑誌「波」で数回にわたり書かせていただくことを決心したのは、そのような思いからである。

皇后さまについて考える時、私の頭にまず浮かんだのは、天皇陛下が平成二十五年十二月のお誕生日に際し、記者団にお答えになったお言葉だ。

天皇という立場にあることは、孤独とも思えるものですが、私は結婚により、私が大切にしたいと思うものを共に大切に思ってくれる伴侶を得ました。皇后が常に私の立場を尊重しつつ寄り添ってくれたことに安らぎを覚え、これまで天皇の役割を果たそうと努力できたことを幸せだったと思っています。

あの時、天皇陛下は少し涙ぐんでおられたのではなかっただろうか。実に感動的なお姿で、世界のどこに、このような発言をなさる王様がおられるだろう。しかも、天皇の役割を果たしたとはおっしゃらず、「果たそうと努力できた」と言っておられるのが、また素晴らしいと私は思う。なんと謙虚であられるのだろうかと。

この陛下のお言葉からもお二人が互いに慈しみ合い支え合ってこられたことがよく窺える。

皇后さまにとっては陛下とのご結婚がどのような出来事であったのかがよく伝わる御歌がいくつもある。これぞ相聞歌と呼ぶにふさわしいものだ。

黄ばみたるくちなしの落花啄《らくくわついば》みて椋鳥《むくどり》来鳴く君と住む家

（昭和三十四年）

思ひゐがく小金井の里麦の穂揺れ少年の日の君立ち給ふ

（昭和四十九年）

お二人の長い歩みを振り返る時、大変に印象深い皇后さまのお話がある。

ご結婚なさって、初めて皇后さまが皇太子妃として、皇太子さま（現天皇陛下）とご一緒に伊勢神宮においでになった時のこと。帰りの近鉄か東海道線か、その辺をどう伺ったかよく記憶しないのだが、ご夫妻はお召し列車の広いガラス窓のところに立ち、走る列車の中から沿線に続くお見送りの人波に応えていらした（ご成婚の頃だから昭和三十四年、まだ新幹線は開通していない）。

それは、しばらく人波が途切れ、畑の続く地帯でのことであったらしい。広い畑の中に立って、一人の女性が一生懸命に手を振っている。皇太子殿下のおそばでお応えになっていると、少し先でもう一人、女性が同じようにして熱心に手を振っている。そして、少し行って振り返ると、かなり距離を置いたこの二人の女性が、広い畑の中でお互いの姿に気付いたのか、今度は二人向き合って、よかったね、というように優しく手を振り合っている——。皇后さまにはその姿が、忘れられない思い出として記憶に刻まれているという。

皇太子殿下をお見送りした後に、広い畑の中にかなり離れて立つ二人の女性が、嬉しそうに手を振り合って喜びを分かち合っていたこの時の姿は、その後も一つの優しい風景として、ずっと自分の中に残っていると、いつかしんみりとお話ししてくださったのだ。

皇室が、静かに、柔らかく、何かの結び目のようにして存在しているのではないかという、ふとした、そして嬉しい気付きのようなものだったと言われたことを記憶している。このような形において皇室を捉えられ、それも心はずむように嬉しく納得して受け入れられた、ということに、その後の皇后さまの生き方を物語る多くが含まれているように感じる。

皇太子さまが、社会でこのような役割を果たしておられるのなら、未知のところではあるけれど、自分も心静かにおそばでお仕えしよう、そして、こうした皇室と人々との柔らかな関係が、これからもずっと長く続いていくよう、自分はまず身をつつしみ、何をしなければいけないかを考える前に、いつも自分はどのようにあればよいかを求めて生きていこうと深く思われたという。「結び目のようなもの」――それも決してしばるような強いものではなく、穏やかな、優しい、そんなニュアンスが加わっていたように思う。そして、今こうして人々の喜びとなり、結び目となっておられる皇太子殿下のご存在に、自分が傷をおつけするようであっては決してならない、とも思われたそうだ。若く美しい一人の女性の並々ならぬ決意に、胸がいっぱいになる。

天皇陛下のご譲位の方向がはっきりして、少しずつその日が近づいてきているこの頃、皇后さまはどのような思いで日々を過ごしておられるだろうか。平成二十九年の宮中歌会始の御歌には、そのお気持ちが見て取れるような気がした。

土筆《つくし》摘み野蒜《のびる》を引きてさながらに野にあるごとくここに住み来《こ》し

（平成二十九年）

時を経て、いつの間にか慣れ親しんだ皇居をいとおしむ、美しく愛情のこもった御歌だ。一つ一つのことを本当に丁寧に心を込めて生きておられるのだとも感じ、それが見事に御歌に詠まれている。

ずっと以前に詩人の大岡信《おおおかまこと》さんが、朝日新聞一面の「折々のうた」に皇后さまの御歌を取り上げて、「一貫して気品ある詠風だが、抑制された端正な歌から、情愛深く、また哀感にうるおう歌の数々まで、往古の宮廷女流の誰彼をも思わせる」と書いていたのを思い出す。

その御歌は硫黄島を詠んだ、

慰霊地は今安らかに水をたたふ如何《いか》ばかり君ら水を欲《ほ》りけむ

（平成六年）

であった。私の友人にも父親を戦争で失った人がいて、その人たちにぜひこの御歌を知らせたいと強く思った。皇后さまがこのように詠んでおられるのを知ったら、彼女たちは、少し慰められるのではないかとの思いからだった。それに、私自身も硫黄島の激戦がどのように厳しい土地で行われたのかを改めて知ることになった。

ご譲位に伴っては、お住まいも移られるのだろう。平成になり赤坂御所から皇居に移られた時にも、きっとたくさんのことを思われたのではないだろうか。

引っ越される前に通われたその赤坂御所から皇居への道すがら、豊川稲荷で白い割烹着でも着ていたのだろうか、お掃除をしていた婦人が毎日のように手を振ってくれたこと、また、ガソリンスタンドのお兄さんのことをまるでお友達のことを話すように心を込めて話しておられたのが忘れられない。もうあのお友達たちとも会うことはないのね、というようにおっしゃったので、実はとても驚いた。こういう人たちをみな「お友達」と思っておられたのだ、なんと素敵な方だろうか。

そういえば、天皇陛下が心臓の手術をなさったあと、平成二十六年のご自分のお誕生日に際して皇后さまは、その年の忘れられないこととして、

「御手術後の陛下と、朝、葉山の町を歩いておりました時、うしろから来て気付かれたのでしょう、お勤めに出る途中らしい男性が少し先で車を止めて道を横切って来られ、『陛下よろしかったですね』と明るく云い、また車に走っていかれました。しみじみとした幸せを味わいました」

と言っておられる。

そういうささやかなことに幸せを見つけ、その思い出を大切にしておられる皇后さまには、お小さい時から短歌に親しんでこられたためだろうか、詩人の心が受けつがれているのだと思う。きっと歌詠みであられたお祖母《ばあ》さまの影響と、それだけでなく、ご自分に大変厳しくいらっしゃり、身につけた深い教養を決して外には見せないようにしておられた正田家のお母さまの影響もあったことだろう。

お母さまは悲しみや辛さをご自分の中にしまい込むことで、ご自分を厳しく律される方だったようで、そんなお母さまのありようがどこからくるのか気がつかれたのは、皇后さまがお子さまをお育てになる頃のことのようだ。ひとり心の内にしまっておかないで子どもたちにも話し、分かち合ってくれたら良かったのに、と寂しく思われたのではないだろうか。ご自分が子育てをなさる時には、そのことを思われたからだろう、かなりのことをお子さまと分かち合ってこられたように私は感じている。

そう思って改めて読むと、昭和五十三年の歌会始のお題が「母」だった時のあの御歌も、もっとずっと深いものに思われてくる。

子に告げぬ哀《かな》しみもあらむを柞葉《ははそは》の母清《すが》やかに老《お》い給ひけり

（昭和五十三年）

その他にお父さまの書斎にあったご本などの影響、それに何回もというほどではないようだけれど、お父さまかお母さまとご一緒に行くことのできた日比谷公会堂での音楽会、また、丸善で手にとっては見入っていた美しい画集のことなどが、さまざまな芸術文化への深い思いに繋がっていったのではないかと思う。お母さまに連れられて、どこかのデパートで催されていた『智恵子抄』の高村智恵子さんの切り絵をご覧になったことも珍しいことで、忘れられないと言っておられた。
丸善で見た美しい画集はきっと、スキラというスイスの美術書の出版社のものだったのではなかっただろうかと想像したりする。あの頃、日本橋の丸善の洋書売り場には、独特な洋書の匂いがあり、そのフロアに立っただけで、何か外国に行ったような気がしたのを私自身も懐かしく思い出す。もうずいぶん前に、何か希望が叶うならば丸善に行ってみたいというようなことを言っておられた。どんなに懐かしく思われていたのだろうか。

音楽については、ご自分では、

細々とながら音楽を続けて来た過去の年月が最初にあり、気がついた時には、音楽が自分にとって、好きで、また、大切なものとなっていたということでしょうか。十分な技術を持たない私が、内外の音楽家の方たちとの合奏の機会を持てるということは過分な恩恵ですが、美しい音に囲まれた中で自分の音を探っていくという、この上なく楽しい練習をさせてくださる方々の友情に感謝しつつ、一回毎《ごと》の機会をうれしく頂いています。

と平成十九年のお誕生日に語っておられる。

それでも、実は、本当にたくさんの音楽家たちが、皇后さまと合奏することを楽しみにしているはずだ。私は全くの門外漢ではあるけれど、皇后さまのピアノを初めて目の前で聴かせていただいたときに、その音色の美しさに驚き、どんなに音楽を愛しておられることか、と感動したことが忘れられない。

あの世界的なヴァイオリニストのユーディ・メニューインが「皇后さまのピアノは、じつに美しかった。本当に感動的な夜でした」と天皇ご一家とのファミリーコンサートのことを語っている。あれだけの大家でもそう思うんだ、と雑誌アエラの記事を心から嬉しく読んだ。あれは平成四年のことだ。

皇后さまがストレスのためにお声を失われた時には、あのヨーヨー・マが、お玄関でもいいからお慰めにチェロを演奏してさしあげられたらと言ってこられたという。結局、どちらかの宮家で演奏をお聴きになったようで、どんなに励まされ、どんなに嬉しかったことだろうか。そういう意味で皇后さまは、世界にも、とりわけ文学や芸術の世界に様々な友人をお持ちだと思う。このことは内外の音楽家の口からもいろいろと語られている。

ヨーヨー・マといえば、その後、ニューデリーでのＩＢＢＹご講演のためにＶＴＲが作られた時、何か目立たないように音楽が欲しいということになり、期せずして、異口同音に皇后さまからも彼の名前が出た。それは皇后さまにとっては単に一人の音楽家というだけではなくて、きっとあのプライベートな「演奏会」以来の親しい思いではなかったかと今になって想像する。もちろん、チェロという楽器は人間の声に一番近い、優しい音色を持つと言われているので、当然と言えば当然のことなのだけれど。

皇后さまのお誕生日は十月二十日で、秋篠宮《あきしののみや》さまが十一月三十日、天皇陛下が十二月二十三日、皇太子さまが二月二十三日と続く。陛下よりも先にお誕生日がくることや年末に近づくタイミングになるためか、毎年お誕生日には、その年に起こった大切なこと、憶えておきたい人たちの思い出を心を込めてお言葉にして記者団の質問に答えておられる。

平成二十九年のお誕生日にも、誠に行き届いた言葉使いで、日本のこと世界のことを語っておられ、実に充実したご回答だと思った。

世界の難民と関わって大きな働きをした緒方貞子《おがたさだこ》さんの後を継ぐように、国連で重要な任務に就いた中満泉《なかみついずみ》さんのことについては、心を込めたエールを送られた。そして、日本で育つ海外からの移住者の子どもたちのこと、環境のこと、災害のこと、毒性を持つ様々な虫のこと。アンコール・ワットでカンボジアのために遺跡の研究を続け、この度ラモン・マグサイサイ賞を受賞した石澤良昭《いしざわよしあき》博士のことも讃えられた。

それに何と言ってもスポーツのこと。陸上一〇〇メートル走で新記録が出たこと、女子アスリートたちの清々しい引退会見のことにもあたたかく触れておられる。

若く初々しい棋士の出現と、その出現をしっかりと受け止め彼を育てていこうとする先輩棋士たちの姿に、感動するとも述べておられた。あのお忙しさの中で、世の中の動きを本当に広い視野で見つめていらっしゃることがよく分かる。

ノーベル賞については、カズオ・イシグロ氏の作品は一つだけ『日の名残り』を読まれたことを語り、平和賞の「ＩＣＡＮ」キャンペーンにも触れ、主に広島、長崎の被爆者たちの努力について実に丁寧にその働きの重要性を説明された。それはほとんど人類の進むべき道を示唆しておられると言っていいほどで、多くの新聞がこのご回答の全文を紙面に掲げていたことに深い意味を感じる。

また、この年に亡くなられた方たちについても、きっとそれぞれに深い思い出がおありなのだろう、文章では長くはないものの、思いを語っておられる。

四十八歳という若さで亡くなった、アルベールビル・オリンピックのスピードスケート一〇〇〇メートルで三位になった宮部《みやべ》行範《ゆきのり》さんについては、入賞者をお招きになった赤坂御所で、「掛けてみます？」と銅メダルを掛けてもらったことを懐かしく思い出されている。どんなにお嬉しかったことだろうか、少し恥ずかしそうに喜ばれていただろうお姿が、なんだか目に見えるようだ。

最後近くに、黒田《くろだ》清子《さやこ》さんについて「私どもの長女の清子が」という言い方で、神宮祭主のお役についたことを語っておられる。「私どもの長女の」という表現が、なんとも微笑ましく、嬉しく読ませていただいた。

そして、もちろん陛下のご譲位――多くの議論を経て、特例法が成立したことについて、「計りしれぬ大きな安らぎを覚え、これを可能にして下さった多くの方々に深く感謝しております」と結ばれている。ここに至るまで、どれほどにあれこれ思い考え、心配してこられたことだろう……。

このお誕生日の文書ご回答からは、全体として「皆さんと一緒に希望を語りたい」とでも言っておられるように感じた。これだけのことをお書きになるのはどんなに大変だったことだろう。一字一句をおろそかにしない、歌詠みとしての皇后さまならではというのはもちろんのこと、この文章が人々に正しく伝わるようにという心遣いが随所に感じられる。

それに、皇后さまはここぞという時には、かなり思い切ったことを語られる方だと私には思える。ご譲位のこと、それ自体が日本国のことを考えればこそだと思うので、はっきり決まるまで、どんなに心配してこられただろうか。

そして、その「思い切り」には、皇后さまが民間を離れ皇室に嫁がれたことについての、並々ならぬ決意と覚悟を感じるのだ。あのお若い日にご自分でご結婚を決意されたとはいえ、想像をはるかに越える大変なことが、どれほどたくさんおありだったことだろうか。それらの一つ一つを受け入れ、静かに忍び、乗り越えてこられたことに、この年のお言葉を拝見して改めて感動する。

平成十六年のお誕生日のお言葉についても触れておきたい。

もう四十五年以前のことになりますが、私は今でも、昭和三十四年のご成婚の日のお馬車の列で、沿道の人々から受けた温かい祝福を、感謝とともに思い返すことがよくあります。東宮妃として、あの日、民間から私を受け入れた皇室と、その長い歴史に、傷をつけてはならないという重い責任感とともに、あの同じ日に、私の新しい旅立ちを祝福して見送ってくださった大勢の方々の期待を無にし、私もそこに生を得た庶民の歴史に傷を残してはならないという思いもまた、その後の歳月、私の中に、常にあったと思います。

私はこのお言葉を読んだ時、ほとんど泣き出しそうだった。この上なく素晴らしく美しい表現であり、ご自分の思いをここまで、的確に表現するということは、生中《なまなか》のことではできないからだ。やはり、大岡信さんがいみじくも書かれたように、素晴らしい歌人であられるのだと思う。

そういえば、歌人の河野《かわの》裕子《ゆうこ》さんが亡くなられた平成二十二年のお誕生日には「河野さんの和歌は、歌壇の枠を越え、広く人々に読まれ、愛されていたと思います。すでに闘病中であったにもかかわらず、今年の歌会始で、ご自分の歌が披講されているあいだ凜として立っておられた姿を今も思い出します」と懐かしそうに語っておられる。歌を通し、心を通い合わせたかけがえのない友を見送ったお寂しさが、にじみ出ているように感じられた。

河野さんは学生の頃から注目を集めた歌人で、夫の永田《ながた》和宏《かずひろ》氏とともに、宮中歌会始の選者を務められた。河野さん亡き後も歌会始の選者をお務めになっている永田さんの姿をご覧になって、皇后さまはそこに河野さんの姿も見ておられるのかもしれない。

河野さんは生前、皇后さまの御歌に深く共感を示していらしたと聞いている。そして河野さんの逝去後、皇后さまがご遺族に贈られた御歌があることも仄聞《そくぶん》していたので、この文章を書くために宮内庁に問い合わせ、その御歌を読ませてもらった。歌人とご自分とのつながりをはるかに越え、歌壇、俳壇、さらに広く多くの人々に惜しまれて逝った河野さんの、その不在の大きさを詠んでおられる。

「亡き人」という詞書《ことばがき》のある御歌。

一人《にん》の大き不在か俳壇に歌壇に河野《かわの》裕子《ゆうこ》しのぶ歌

（平成二十二年）

共にはたらく人たち

平成二十九年十二月一日。その日は皇室会議のまさに当日ではあったけれど、皇后さまの長年のご親友であり、絵本や児童書の研究家であった島多代《しまたよ》さんとのお別れの式の日でもあった。私も式には出席していたのだが、皇后さまがおいでになれたらどんなにいいかと思っていた。

すると、葬儀ミサが始まる一時間前に、キリッとした喪服に身を包んで二本の白い小ぶりのカラーの花を手にされた皇后さまが、島さんの長女・美代《みよ》さんの案内で、聖堂に入ってこられた。皇室会議の間は御所でお慎みの時間を過ごされるため、その前にはお帰りになれるよう、朝早くのお出ましであった。

あの多代さんがついに逝ってしまったのだ。八十歳だった。

祭壇の写真は、元気なときの彼女とはかなり違っているとはいえ、素晴らしく美しかった。皇后さまは写真をご覧になり、白いお棺の中で花に囲まれた彼女に会われ、心から安心されたように、ご主人を初めご家族のお一人お一人に声をかけて別れを告げ、ねぎらわれた。

お棺の中に眠る島さんの顔の脇に置かれた一冊の本こそは、皇后さまのニューデリーでのスピーチ「橋をかける」と、ＩＢＢＹ（国際児童図書評議会）創立五十周年の式典でのスピーチ「バーゼルより」を含み、安野《あんの》光雅《みつまさ》さんにより美しく装幀された特装の文庫本であった。島さんのＩＢＢＹにかける思いと、皇后さまへの思いを象徴するものとして、きっと皇后さまのお心に深く刻まれたことと思われる。私はこれらの本を出版させていただいたことを無上の喜びと感じた。

「すき透ったサモンピンクのようなコンタツを手にしていらしたのね」と皇后さまは後で言っておられた。今ではほとんどロザリオという言葉を使うのだけれど、コンタツという言葉を本当に久しぶりに震えるほど懐かしく聞いた。皇后さまが女学生だった時には、ポルトガル語だというその言葉をみんな使っていたのだろうか。特に聖心女子大学の当時の学長マザー・ブリットや他のシスターたちはそうだったのかもしれない。
マザー・ブリットには、皇后さまはきっと、いろいろな思い出がおありだったと思うが、「大学時代の恩師をいたみて」という詞書のある歌で、次のように詠んでおられる。

たどきなく君なきを思ふ心解《と》かれあたためられてありし日々はも
（昭和四十二年）

これはやはりマザー・ブリットのことだろう。難しいことがあった時の精神のよりどころの一つだったのではないだろうか。
島多代さんなくしては、皇后さまの各国児童書関係者とのさまざまな関わりや、二十年以上の長きにわたるＩＢＢＹとの関わりも今のような姿は考えられない。まど・みちおさんの詩を選んで英訳されたこと、『橋をかける』の元になったニューデリーでのあの素晴らしい基調講演、それにスイスのバーゼルで行われた

ＩＢＢＹ五十周年記念大会への名誉総裁としてのご出席――どれもが「異例」のことで、彼女なしではありえなかった。

日本はもとより世界に広がるその人脈と相まって、本来ならば到底考えられないようなことが不思議に、いまこの時、という感じで、実現していったと思う。もちろん、そのためにはどんなに大変だっただろう。あの頃はまるで馬車馬のように働いたと言いたいところだけれど、雲仙普賢岳の噴火の頃だったので、不謹慎かもしれないが「火砕流のお多代」というあだ名がついたほどだった。


遠からずこの別れの時が来るのは皆が覚悟していたけれど、やはり辛い。ましてや皇后さまはいかばかりかと思う。

平成元年頃のこと、まどさんの詩を皇后さまに英訳していただき、国際アンデルセン賞の候補として日本から推薦しようというのは、彼女と、ＪＢＢＹ（日本国際児童図書評議会）会長の猪熊葉子《いのくまようこ》さんの発案だった。詩を訳すことは詩人にしかできないという島さんの発想は、国際文化会館で見かけた日本ペンクラブの機関誌に皇后さまが英訳された永瀬《ながせ》清子《きよこ》さんの「あけがたにくる人よ」という詩が載っているのをみつけたことから始まったのだろう。

島さんはその頃、すでにＩＢＢＹの理事で、なんとか日本から受賞者をと思っていたのだと思う。

島さんにとって皇后さまは、中学時代からのお知り合いで、当時はお姉さまの同級生として親しんでいた。島さんが聖心女子大学に入学した時には最上級の四年生で、その頃の皇后さまのことを島さんは読売新聞の「時代の証言者」の中で「当時から全学生が仰ぎ見ていましたが、それでいて、常に人に奉仕される姿勢を貫かれていました」と懐かしそうに語っている。それに皇后さまは、その健脚で「カモシカ少女」として学内で知られていたそうだ。

島さんの大叔父さまが両陛下のご結婚の実現に尽力された東宮御教育常時参与・小泉信三《こいずみしんぞう》さんだったということも、皇后さまとの間を一層親しいものにしていたのではないだろうか。

それまで私たちが知る事のできなかった皇后さまのお考えや、そのお心の深いところから出てくる素晴らしさを広く知らしめ、そのお人柄を「子どもの本」を通じて改めて伝えた島さんの存在は皇后さまを語る上で、欠かすことができない。

そしてその大叔父・小泉信三さんの存在は違った意味で大きなものだろう。

小泉信三さんは慶應義塾の塾長を務められた後、昭和天皇に是非にと乞われて、ひどい火傷のために歩行もまだ困難だからと、何度もお断りしたようだけれど、結局は当時の皇太子さま（現天皇陛下）の教育掛を引き受けられたのだ。戦後すぐの頃だ。

島さんは一度、何かの時に、やはり小泉の大叔父の役に立ちたいのだ、というようなことを言ったことがあった。小泉さんは島さんのお祖母さまの弟で、早くに父を亡くした姉弟として、終生とても仲の良い家族だった。御殿場の一角に一族で、それぞれに寄り添うように別荘を持っておられ、私は慶應の学生のときに、カトリック栄誦会の夏の合宿で、島さんのご実家、松本家の別荘をお借りして、何十人もで寝泊まりしたことがあった。

対山荘と名のついた質素な作りながらとても広い家で、庭で缶蹴りなどをしたことを思い出す。一九六〇年代のことだ。あの家はどうなったのだろう。大学生が缶蹴りというのも今考えるとなんだかおかしい。

もちろん私など小泉さんにはお目にかかったことはないけれど、それでも私が学生の時には、野球の早慶戦に行くと、すでに引退なさっていた小泉さんが必ず貴賓席に座っておられた。四年間で貴賓席にその姿を見ないことはまずなかったはずだ。

しかも、年配の教授たちが口を揃えて、「君たちには想像もつかないだろうけれど、あんな美男子はいなかった」というほど美しい方だったという。でも、私たちが見るお姿は、命はどうにか助かったものの、自宅を直撃した空襲による大火傷のあとが本当にひどい状態で、遠くから見てもそれとわかるようなお顔だった。本当によく助かったものだと思う。島さん自身からもその時の様子を聞いたことがあった。親戚中の有名な話だったのだろう。

昭和二十年五月のこと、七発もの焼夷弾が傾斜地に建っていた小泉家に落ち、その時三階にいた小泉さんは、まともに火に囲まれてしまった。何度も、もうダメだと思いながらも、下の方から呼ぶ家族の声を聞き、火の海の中、焼けている階段の手すりにつかまりながらどうにか下に降りてきたという。

着ている服の襟や袖に火が燃えうつり、炎が上がっていたそうで、それを必死に消したのは奥さまと二人の娘さんだったという。それでももちろん大変な火傷で、結局入院は六ヶ月に及んだ。燃える手すりを握っていた左手は、その形のまま戻らなかった。

昭和天皇が小泉さんを東宮御教育常時参与にと望まれたのは、小泉さんが福沢諭吉の『帝室論』を紹介した「帝室は政治の外に仰ぐものであり、そうして初めて尊厳は永遠のものとなる」という言葉にご関心があり、福沢の後継者としての小泉さんを是非にと乞われたのだろう。

小泉さんがそのような姿でありながら、皇太子さまの教育掛になったことは本当に大きなことだったはずだ。そのことは、皇太子さまの家庭教師として、アメリカから招かれていたヴァイニング夫人も、戦前、肉体的欠陥のある人は、皇族の前に出ることはできなかったのにと大変に驚き、小泉さんの名誉であるだけでなく、日本に起こりつつある大きな変化の現れだと思ったようだ。

それに小泉さんは、海軍に入った一人息子を開戦一年もしないうちに亡くされていて、その思い出を『海軍主計大尉小泉信吉《しんきち》』という素晴らしい本に綴っている。最初は三百部限定の私家版だったのだが、希望が多く、小泉さんが亡くなった昭和四十一年にやっと出版されて、大ベストセラーになった。

その中にいくつもの素晴らしい箇所があるが、特に忘れられないのは、憧れの海軍に入って出征していく長男・信吉に渡した手紙である。その冒頭で小泉さんは、

吾々両親は、完全に君に満足し、君をわが子とすることを何よりの誇りとしている。僕は若《も》し生れ替って妻を択《えら》べといわれたら、幾度でも君のお母様を択ぶ。同様に、若しもわが子を択ぶということが出来るものなら、吾々二人は必ず君を択ぶ。人の子として両親にこう言わせるより以上の孝行はない。君はなお父母に孝養を尽したいと思っているかも知れないが、吾々夫婦は、今日までの二十四年の間に、凡そ人の親として享《う》け得る限りの幸福は既に享けた。親に対し、妹に対し、なお仕残したことがあると思ってはならぬ。今日特にこのことを君に言って置く。

と書いておられる。

その後、戦争が激しくなり、大学生に対しての徴兵猶予が廃止されたとき、三田の山の上で、出征していく学生を送り出すために、残る学生や教職員、家族が皆で一緒に声高らかに塾歌や、「若き血」を歌い、当時の正門だった「幻の門」から三千もの学徒出陣学生を塾長として見送ることになるのだ。日米開戦に反対だった小泉さんであっても、一旦戦争が始まったからには、国民として協力しなければならないという考えで、これはどれほど苦しいことだっただろうか。

余談になるが、ずっと後で知ったことに、このとき出征していく学生を代表して答辞を述べたのは、私が学生のときに散々世話になった史学科の河北展生《のぶお》助教授だった。当時そんなことは全く知らなかったし、考えもしなかった。その答辞は、今も慶應の図書館に保存されている。

そして、島さん自身は、十二歳の時に小児麻痺になり、それまでは体を動かすことにしか興味がない運動好きな少女だったのに、数年間ベッドで読書をするしかないような生活に追い込まれたのだった。

活発だったので気がつかない人も多かったけれど、終生足が不自由だった。どんなに不本意だっただろうか。その頃に初めて読んだ『カラマーゾフの兄弟』のことをよく話していた。読書を初めとして、きっとその分、その時に経験したたくさんの良いこともあったのだろう。

島さんが亡くなった時に、すぐＩＢＢＹの元事務局長リーナ・マイセンが、「彼女の、勇敢で、毅然として、気品があり、しかも気取ったところのない人柄はどこから来ているのだろうか。彼女のおかげで、皇后美智子さまがＩＢＢＹの強力な支持者になってくださった」とメールをくれて、私は弔辞の中で、そのことを紹介した。きっとそのどれもが、痛みを知る島さんの様々な経験から生まれたのだと思ったからだ。

それに島さんには、口には出さなかったけれど、皇后さまのために少しでもお役に立つことがあればしようと、そんなある種の覚悟みたいなものがあったと私は感じていた。特に、世界に対して少しでも親しい感じのする「窓」を開いて差し上げたいと思っていたのではないだろうか。しかもそれが結局はみんなのためでもあるのだという確信があったとも思う。

時にそれは島さん流のかなり思い切ったもののこともあり、周囲を戸惑わせることもあったのだが、皇后さまはどのように感じていらしただろうか。「急にそんなことを云われても」と困惑されることもあったようだが、こうした島さんに対し、決して疑問や批判を口になさらなかったのは、それが島さんの純粋に皇后さまを思う気持ちからだということを一番に感じておられたからだと思う。

島さん自身は皇后さまのことを語ることはあまりなかったが、結局は、控えめであられるため、そのお考えが十分に人に伝わらず、憶測のみで語られがちな皇后さまのありのままを、もう少し人々に知ってほしいと願っていたのだと思われる。

そして、同時に、同じＩＢＢＹサークルであろうと、その日本支部であるＪＢＢＹであろうと、皇后さまのお立場を自分のために利用しようとする人に対しては「火砕流」だった。それはやり方こそ違え、丁度お若い日の陛下のかけ値ないお姿を少しでも国民に知ってほしいという大叔父・小泉信三の願いとも相通じるものであったのかもしれない。

皇后さまにとり、こうした純粋で、しかし少しやんちゃな島さんが、時として判断の難しい提言をしてきた時、相談が出来る人として渡邉允《わたなべまこと》侍従長を持たれたことはお幸せであったと思う。

渡邉さんはかつて外交官としてワシントンに駐在し、同時期そちらにいた島さんとも親しかった。背が高くいかにも侍従長らしい風格のある方だ。

もうずいぶん前になるが、私には作家・須賀敦子《すがあつこ》さんの葬儀の間、大きな聖堂の後ろの方に一人でじっと座っていらっしゃった渡邉さんの姿が忘れられない。皇后さまの代わりにいらしているのだと私には思えた。

また『橋をかける』のロシア語版が出版され、ロシア大使館で盛大な出版記念会が催された時にも、皇后さまの代理として渡邉侍従長が出席してくださり、実にありがたかった。

私はあの一連の時の侍従長が渡邉さんでなければ、ニューデリーでのビデオによる基調講演も、皇后さまのバーゼル行きも実現は難しかったのではないかと思っている。一度何かの時に渡邉さんにそう申し上げたことがあったけれど、「そうかねえ、そんなことはないと思うよ」とごくさりげなくおっしゃった。そういう方だ。

渡邉さんはアメリカを離れる時に、山本周五郎の『墨丸』を英訳し、冊子にして、友人たちに置いてきたという。

まど・みちおさんの詩の英訳についても、最初は国際アンデルセン賞のために良い英訳をとだけ考えていた島さんだとは思うけれど、その英訳がＩＢＢＹで、更には他の国々でも評価を得ていくごとに、このお仕事が皇后さまのために、世界に対する新しい「窓」を開いていくものとなればと期待していたように思う。事実それはごく自然に皇后さまを世界のＩＢＢＹの人々と近づけ、その後のニューデリーやバーゼルへの道を開いた。

島さんならずとも、ああ世界には、こんなにも素敵で、それでいて生涯かけて子どもに尽くした人がいたのだと感嘆したくなるような、誠実で、知的で、謙虚だが強い人々と皇后さまが知り合う機会を得られたことは、本当に幸いなことだったと思う。またそれは同時にそれらの人々が皇后さまを通し、「日本」の新しい一面に触れるという機会にもなったのではないだろうか。

まどさんは日本国内では子どものための詩や童謡を書く人としてよく知られていたが、作品は二千編ほどもあるのに、当時そのごく一部をまとめた子ども向けの詩集しかなく、皇后さまには、この中からお願いしますという感じで、それら五、六冊が届けられた。

皇后さまはお忙しいこともあるけれど、それまでにまどさんの詩をあまりお読みになったこともなければ、この英訳に自信があるわけでもなく、他の方にも頼んでちょうだいと繰り返し言っておられたようだ。

それなのに島さんは、皇后さまに「翻訳料はなしで」という条件まで付けてお願いしていたらしい。後のバーゼルでのＩＢＢＹ五十周年記念大会に名誉総裁としてご出席になった時、皇后さまは開会式でのご挨拶で、ご自分とＩＢＢＹとの関係をご紹介なさる中で、この時のことをおかしそうにお話しになった。

そして、皇后さまがこの時に訳されたまどさんの、動物に関する二十編の詩だけを集めて、見開きページに英語も併記した冊子をもとに『THE ANIMALS 「どうぶつたち」』という詩集として世に出た。アメリカの「マーガレット・K・マッケルデリー・ブックス」と私が当時始めたばかりの出版社「すえもりブックス」との共同出版だった。一九九二年（平成四年）のことである。

島さんの熱意がきっかけで全てが信じられないほど不思議な動きを見せ、全てに時がある、というのはこういうことかと思うほどの体験だった。

表紙は安野光雅さんにお願いするということで、安野さんからは黒い紙を切り抜いた切り絵のデザインが渡された。しかも、それは、いわばあたりのようなものので、実際には、地色はベージュのような色にして、渡された切り絵の部分は、白だということだった。なかなか実感がわかず、実際にポスターなどさまざまな印刷をしてくれるお店に持って行って、説明して見本を作ってもらった。今ならばきっとそんなこともコンピューターで簡単にデザインできるのだろう。

安野さんに見てもらって「こういうことですか？」と聞くと、「そうそう」ということだったので、その見本を持って、島さんとまだ赤坂御所にお住まいだった皇后さまにお目にかけに伺った。

　話は遡るが、その三十年近く前に、大磯に住んでおられる画家の堀文子《ほりふみこ》さんのお宅で私は一度だけ皇后さまにお目にかかったことがあった。まだ皇太子妃でいらっしゃり、私も二十代だった。

　その時はご挨拶させていただいただけだったので、まさかその時のことを覚えていてくださるとは思いもしなかった。「あの時お会いしましたね」と言ってくださり、なんとも言えず幸せな気持ちになったのを覚えている。しかも、その日、御所では天皇陛下もご一緒だった。

　本を出版されることが初めてのことだからということと、お時間がおありだったということなどがあるとは思うけれど、皇后さまは一つ一つ、陛下のご意見をお聞きになるように、説明しておられた。お話しなさる時には、必ず目を見合わせておられ、なんと仲のよろしいお二人だろうかと驚くほどに思ったのが忘れられない。

　あの時、考えすぎかもしれないけれど、痛々しいほどに、お互いを同志として確認しあっておられるような気がした。皇太子、皇太子妃からついに天皇、皇后になられて間もない頃のことだった。

その日、可愛らしい松花堂弁当のようなお昼をいただいたのだけれど、私自身は緊張のあまり、他の方と同じようにいただいているのに、口に入れたものが喉から下に降りていかないという、まるで、フォアグラか長良川の鵜になったような心地だった。そして、そのことを他の方に悟られないようにと必死だった。

お二人がご一緒にいらっしゃる姿を初めて目の前で拝見し、お二人に緊張を強いるような感じはもちろんなかったのだが、何か言葉では表せないほどの尊さを感じていた。その時は、この先二十年以上にもわたって、親しくおつきあいさせていただけるなど、想像もしなかった。

皇后さまはここに至るまで、いくら覚悟しておられたとはいえ、どんなに大変なことがおありだっただろうか。深い信頼と愛をもって、ここまで一緒に歩いてこられたのだと、お二人が見つめ合うお姿を見て、つくづく思った。

それは結婚なさる時の、皇后さまのまるで決意表明とでも言いたいような、記者会見のあのお言葉――（殿下に対して）「とてもご誠実で、ご立派で、心からご信頼申し上げご尊敬申し上げて行かれる方だというところに魅力をお感じ致しました」――に現れているのではないだろうか。

陛下は熱心に結婚して欲しいとおっしゃりつつも、ご自分にとっては天皇の務めが常に全てに優先するという厳しいお言葉もしっかりお伝えになっており、その陛下のお立場に対するお心の定《さだ》まりようこそが、皇后さまを最後にお動かししたものであったことが、陛下を長年にわたりお支えした黒木従達侍従《くろきじゅうたつ》の手記に記されている。

黒木さんは西郷隆盛の弟・従道《つぐみち》の孫に当たり、海軍軍人を経て東宮傅育官《ふいく》の一人になった。無口、穏やかだが豪快な人物で、生前皇室に関し筆をとることをかたくななな程に拒んでいたという。

その人がこれだけは記録しておきたいと、ご成婚二十年にして初めて筆をとり、小泉さんの依頼でほぼ一人で全行程にたずさわったご成婚にいたる経緯を記した。時事通信社から出ている『皇太子同妃両殿下ご結婚二十年記念写真集』という写真集で、あまり宣伝もされず、読んだ人も少ないと思うが、当時の妃殿下にただ一人直接に接していた人の証言として貴重だ。

また、平成六年、堀文子さんの白樺の絵を表紙にした『皇后陛下 美智子さま』というPHP研究所の美しい写真集の中で、ご成婚当時東宮大夫だった鈴木菊男さんという方が珍しく両陛下のご成婚についての黒木さんの文章に触れている。「ご成婚の思い出」と題されたその文章には、現在の皇太子さまのご婚約記者会見に感動してお祝いに参じた鈴木さんが「陛下も（全力で）守ると仰せられましたか」と伺うと陛下が「いや、言わなかった」と言われ、皇后さまが「それでよろしゅうございましたよ」と微笑まれた、という話が同じ記事の中にあり、人生でご結婚も、ご即位も、容赦ない厳しさの中で迎えられ、その中をひたすら歩いて今日の平穏に達せられたお二人だと沁々《しみじみ》と思う。


そのような若き日の皇太子さまの有り様こそは、小泉信三さんが手塩にかけた皇太子さまのお姿だったのだと思う。

小泉さんは、ある日自宅で夕食の時、今日は殿下をひどく叱ったと言って泣かれたことがあったという。教育掛として、それほど真剣だったということだ。

いよいよご婚約という時には、小泉さんが正田家をお訪ねになり、皇太子さまがどのような方か、そして、どのようなことを望んでおられるかを美智子さまに丁寧に話されたようだ。

そして、新聞、テレビ、ラジオ各社を自分で訪ね、決まったら必ずすぐに発表するから、それまでは絶対に書いてくれるなと、不自由な足を引きずって、一社一社頼んで歩かれたという。

昭和四十一年に小泉さんが突然亡くなった時、両陛下、当時の両殿下はすぐに小泉さんの自宅に弔問に向かわれ、皇太子さまは弔歌を贈られた。

また小泉さんの「戦時の花」というエッセイに書かれていたのだと思うが、皇后さまは小泉さんが、一月の奥さまのお誕生日にお花を贈られたことをご存知で、次の年の奥さまのお誕生日にお慰めのお花を贈られ、それはその後も長く続けられた。

小泉家に近い方々の間では贈り物のお花は「戦時の花」と同じ、水仙、あらせいとう（ストック）、エリカと語られているが、皇后さまに近しい方のお話だと、皇后さまはいつもこの中の二つに他の花を組ませてお贈りになっていたらしい。先生と同じではかえって失礼になると、少しお控えになったのだ。奥さまはどんなに嬉しかっただろうか。

そして一周忌には皇后さまは詠まれた御歌の短冊を、細やかな刺繡が施された藍色の美しい布を貼った桐の箱に収めてお届けになっている。小泉さんがもういないということの悲しさや寂しさ、心細さと、そして心からの感謝が伝わり、切ないほどだ。

平成二十年に慶應義塾大学三田キャンパスの図書館旧館で開催された「生誕百二十年記念　小泉信三展」に展示されたその実物を目にしたとき、皇后さまの思いが見る者の胸を打った。この展覧会は両陛下もご覧になった。

ありし日のふと続くかに思ほゆる　このさつき日《び》を君は居まさす

（昭和四十二年）

悲しみに寄り添う

「私たち、同じ本を持っているのね」

幾つもの外国語版の『橋をかける』の打ち合わせやご報告に伺うことが多くなった頃のことだと思うが、その時手に入れて読んでいた小泉信三さんの『練習は不可能を可能にす』という本の話になった時に、皇后さまはそうおっしゃった。私はびっくりしたのだが、皇后さまはなんだかとても嬉しそうでいらした。

とっさに、なんと純情で可愛らしい方なのだろうかと思ったことを覚えている。まるで教室で机を並べている女学生同士の会話のような感じがして、私自身もとても嬉しかった。

そして同時に、ちょっとお寂しいのだろうかとも思った。あまりに真っ直ぐなお言葉だったからだ。ご公務で日々お忙しく、またお立場上、なかなか好きな本の話などおできにならないのだろうか、と。でも、それだけに、悲しい思いをしている人たちの気持ちに、より一層寄り添うことができるのだとも思った。

両陛下が誠心誠意、心を込めて国内外問わずお出かけになる慰霊の旅、また移民の住む土地や、世界の様々な土地に行かれることは、よく知られているけれど、そのためにはヘリコプターに乗られることも、自衛隊機や水陸両用艇に乗られることも、沖合に繋留した巡視船にお泊まりになることもおありだ。

私などは、ヘリコプターに乗られることでさえも、こわくはないのだろうかと思ってしまうのだが、それにも増して、それらの場所でお会いになる人たちのことを、その時で終わるのではなく、後々まで心にかけておられることはあまり知られていないのではないだろうか。

例えば、一時は三十万人以上といわれた南米から働きに来ている移住者たちが、異国に住む困難を克服し、少しでも早く日本の社会に馴染んでいけるよう、そして、出来ることであれば、その人々がそれぞれの育った土地の言語や文化を忘れることなく、自らのルーツを保ちつつ、日本と南米の友好に貢献してくれればと願いながら、祈るようにして見守り続けておられることなどはそのいい例だろう。
かつて百年以上も前、ブラジルに移民として渡っていった日本人の子孫たちが、今度はその逆の流れで、大挙して日本に働きに来ているのだ。
平成十六年の日本・ラテンアメリカ婦人協会創立三十周年記念午餐会のスピーチの中で、皇后さまは陛下と共に初めてラテンアメリカの地を踏まれた昭和三十九年のメキシコ訪問を楽しそうに回想され、その後三回にわたる南米訪問で、ペルー、ブラジル、アルゼンチン、パラグアイで旅された十五、六ヶ所の地名をあげられた後、次のように語られている。

訪れたどの土地にも懐かしい思い出があり、その思い出は、常にその土地で出会った人々とともにあります。海外に住む日系社会の人々に対する私の思いも、こうした国々を訪れる中で芽生え、育てられました。

そしてこのスピーチの中でも、皇后さまは、次のような言葉で移住者がそのアイデンティティーを失うことなく日本の社会に融和していくことへの希望を述べられている。移住者を決して根無し草のように軽い存在とみなされず、その人々がたずさえて来た文化が、日本の社会を更に多様性に富むものとすることを願っておられるのではないだろうか。

三十万余に及ぶこれらの人々が、どうかその困難を乗り越え、日本の社会に融和しつつ、幸せに過ごしていかれるよう、また、その子弟が、日本の社会の中で安全に守られ、健やかに育っていくよう願わずにはいられません。私どもは、かつて日本の移住者たちが、移り住んだ国で、日本の文化や日本人としての特性を失うことなく、異なる文化に少しずつなじんでいったように、日本に移り住む人々が、日本社会に適応することを助けるとともに、その人々、とりわけその子弟たちが、長期の不在により母国の文化から切り離されることのないよう心を配っていくことも必要ではないかと思います。

この中であえて触れておられないが、皇后さまはよく笠戸丸時代の日本からの移民たちの立派さを語られる時、当時の苛酷な状態の中で、これればかりは避けられなかったこととはいえ、二世が日本人としての矜持をもちつつも、それが故に一層少しでも早くブラジル社会に適応していく必要の中で、必然的に日本語を失っていったことの痛ましさを語られることがあった。そしてそれから百年以上もたった今、移民を受け入れる側に廻った日本で、この時の経験を再びくり返し、移住者の子弟たちが母国の言葉を失わないために何が出来るかを考え続けておられるのだと思う。

移民を受け入れることのむずかしさ、受け入れた土地の人々の複雑な反応にも配慮されつつ、両陛下は急がず、時をかけてこの問題との関わりを持たれて来ているようだ。

静岡で国民体育大会が開かれた平成十五年、開催地周辺のブラジル社会も、サンバフェスティバルという形で参加するということで、両陛下の公式日程の中にその見学と、ブラジル人学校の訪問が初めて組み入れられたことを伺っている。

その後も大田原などで日系人の多く働く企業をご覧になっていたと思うが、私が注目したのは、当時東京子ども図書館の理事長をされていた松岡享子《まつおかきょうこ》さんに、ブラジルの子どもたちが日本にいても母国語の本に接し続けられる可能性につき意見をたずねておられたことだ。

　今、移民三世や四世の人たちが来日して働いている土地では、松岡享子さんたちが中心になって、その人たちの子ども世代を、「ぶんこ」と言われる読書活動で援助している。松岡さんたちは、石井桃子さんが六十年前に始めた「かつら文庫」を引き継いで日本中で活動している。

「ぶんこ」という活動は、戦後子どもの本に興味を持った各地のお母さんたちが、曜日を決めて土地の子どもたちに自宅を開放して、本に親しむ場を作った日本独自の活動で、今や、「Bunko」という言葉は世界中で知られている。子どもと本を結びつける、最も効果的で手近な方法といえるだろう。その中心になって活動してきているのが東京子ども図書館なのだ。

　この「ぶんこ」による支援に加え、日本の子どもたちに交じり懸命に学びつつも、言葉などの関係から苦労しているブラジルの子どもの学ぶ小学校に、松岡さんの配慮でストーリーテラーがブラジルでよく知られた民話をもって通訳とともに訪れたことは、とてもよい結果を生んだと思う。ふさぎがちだった子どもが、目を輝かせて、クラスでも自分一人が知っているその話について皆に説明を始め、先生も級友たちも、その生徒がそれまで決して見せなかった快活な笑顔と積極性に驚いたという。皇后さまが松岡さんという、実績豊富で堅実な友人を持たれていることは本当に幸せなことだ。

実は数年前に亡くなった私の夫の父は終生、日本からブラジルに移住していく方たちのお世話を仕事とした人だった。そして偶然なことに、ブラジルでの働き先として移住者を引き受けていただいた農園が、十年以上侍従長を務めた渡邉允さんのご一家が経営しておられた農園だったことがわかった。

夫はブラジルに行ったことはなかったが、家族で「渡辺農場」という言葉をよく聞いていたようだ。どれほど大切に思い感謝していたことだろうか。もっとも私自身は、夫の父に会ったことはない。ところが、なんと渡邉さんご自身は東京で夫の父に会われたことがあるという。世間は広いというか、狭いというか、なんとも不思議なことだ。

ブラジルとの関係で私自身が直接経験した忘れられない出来事は、『橋をかける』のブラジル版を出版させていただいたことだろう。日本語の本の、英語圏やアジア圏以外での出版というのはめったにあることではなく、ブラジル版は私自身にとっても初めてのことであったが、あの本ができたのはひとえにこれまでにも日伯間で大きな働きをして来られた二宮正人《にのみやまさと》さんという日系人弁護士の熱意と協力によるものだった。

二宮さんは昭和二十九年、父上に連れられて五歳の時にブラジルに渡っているので、私より大分お若いが日系一世になる。サンパウロ大学の教授であると共に、東大でも法学の博士号をもっており、東大大学院で客員教授を務めていた。

陛下のまだ皇太子時代のブラジルご訪問の時から、陛下と大統領の通訳には必ず二宮さんが当たられており、長い間にわたり日伯間で重要な役割を誠実に果たしてこられた方と各方面の人たちから聞いていた。

この度のことでも、出版までの道筋を一つ一つ丁寧につけ、最後には本を運ぶ船の手配までしてくださった。もちろんブラジルの公用語であるポルトガル語への翻訳も奥さまとご自分が関わり、印刷代は日本とブラジルにスポンサーを見つけるために奔走し、ブラジル政府の協力も得て、輸入税などの面でも骨を折ってくださった記憶がある。そのため、本の扉にはブラジルの国旗が誇らしげに印刷されたのだった。

それは特に、移住していった両親以前の世代にとっては、どんなに誇らしく、嬉しいことだっただろう。それに日本各地で働いているブラジルの人たちのコミュニティーにもその本が配られ、そういう人たちのためにも、とても良いものになったと言われ嬉しかった。

陛下と共に、これまでに五十を超える国を公式に訪問してこられた皇后さまと、それぞれの国とのその後に続くご交流とは、ブラジルの一例だけでもこのようにあたたかく、深いものであることに、私は報道で拝見したり、お話をうかがうたびに驚く。そして、そのたびに、皇后さまの存在の輝きを思うのだ。

皇后さまの多岐にわたる様々なご交流は、多くのご友人たちの有り様も大きな支えとなっていらっしゃると思う。

先にも少し触れた東京子ども図書館の名誉理事長松岡享子さんは、皇后さまと深い信頼で結ばれた心の友と言っていい友人の一人だが、実はJBBY（日本国際児童図書評議会）、そして更にはIBBY（国際児童図書評議会）にとってもなくてはならぬ大切な人だ。

長きにわたり、たくさんの児童書の執筆や、「くまのパディントン」や「フランシス」「うさこちゃん」等のシリーズものを初めとするたくさんの翻訳をしてきているだけでなく、まど・みちおさんが国際アンデルセン賞を受ける時にも大いに助けてくださった。

というのは、平成二年にIBBYの国際理事になった島多代さんの推選で国際アンデルセン賞の審査員になっていた松岡さんは、「ドシエ」と言われる過去の資料――審査員へのいわばアピールも兼ねて、作家の作品と人となりを紹介したもの――の効果的な作り方を指南してくれた。すでに受賞者を出している欧米各国と同じ土俵に立つという意味でも、あれはやはり本当に大きなことだった（まどさんの前にも、何度かにわたり日本の作家の「ドシエ」が提出されていたが、残念なことにいずれの場合にも英訳された出版物がなく、要約として提出せざるをえなかった。まどさんの場合は、初の韻文で、はじめこそ二十編の詩であったが、最終的には八十編の詩が提出され、結果はアジアで初の受賞、またアンデルセン賞の歴史の中でも恐らく初めての韻文での受賞であったかと思う）。

まどさんの資料には、皇后さまが訳された英文だけでなく、皇后さま自ら朗読されたテープもダビングして、審査員たちに送った。そのテープは、もとはといえば、皇后さまがまどさんに「英文ではこのような感じになりますがどうでしょうか」ということをお伝えになるために録音されたものだった。たとえまどさんが英語がおわかりにならなくても、耳で聞いて、こういう感じになるのか、と感じられることが重要だというお気持ちから作られたものだった。

こういう過程を経て、一九九四年（平成六年）十月スペインのセビリアで開催されたIBBYの世界大会で、まどさんがアンデルセン賞を受けられることになった。その発表は、前もって、春のボローニャ・ブックフェアでなされた。その時の興奮は忘れがたい。

ボローニャに来る前に、ヨーロッパの別の土地で開かれていた審査員会が終了した時だと思うが、審査員会の席上の松岡さんから島さんに電話があり、ただ一言「まどさんの電話番号を教えてちょうだい」と言ってきたのだった。みんなでドキドキした。ついに夢が実現したと思った。しかし、まどさんはご高齢で、セビリアまでの長旅はご無理ということで、受賞者挨拶はビデオが収録された。そして、確かにセビリアは遠かった。

ボローニャから帰るとすぐに、お陰さまでまどさんの受賞が決まりました、とご報告のために、島さんと御所に伺った時のことだが、本当に不思議なことに、ちょうどその平成六年の同じ時期に、両陛下はスペインを公式訪問のご予定だった。

確か、陛下が「それは何日?」とお聞きになると、「ちょっと待って」とおっしゃって、お部屋から書類を持ってこられた。ひょっとして、皇后さまがまどさんの代わりに授賞式にお出になれるということだろうか……島さんも私も緊張しながら、お二人のやりとりを見守った。

両陛下は、日程表によると丁度その頃フランスの公式訪問をすませてスペイン入りをされる予定であったが、マヨルカ島でスペインの国王夫妻とご一緒になる予定だった。たしか翌日が日曜ということだったが、午前から四陛下お揃いでの日程がすでに夜まで詰まっていた。

結局その夢は叶わなかったけれど、あの時の陛下は、できることならば、皇后さまのその翻訳の大変さをねぎらうために、まどさんの代わりに授賞式に参加させてあげたいと思っておられるような気がした。今考えると、たとえ、一日空きがあったとしても、あの当時皇后さまが公式訪問の間に、ご自分の都合で動かれるなどということはなさるはずはなかった。

セビリアの授賞式には猪熊葉子さんがまどさんの代理で出席した。私は、日本側の出版社として、参加国に一冊ずつ贈れるように、『THE ANIMALS「どうぶつたち」』を持参して、全体会の時に、それを各国代表に配った。多分六十冊以上持参した。

そして帰国後、その年の終わりに青山学院大学の青学会館で開かれたJBBYのパーティーで、皇后さまのご出席のもと、まどさんに国際アンデルセン賞が手渡された。その時、皇后さまはまどさんに初めてお会いになり、ご挨拶の中でアメリカでのとても素敵なご経験をお話しくださった。

それは同じく平成六年のご訪米の際ホワイトハウスで開かれた歓迎晩餐会でのこと、会に先立って両陛下とクリントン大統領夫妻がリシービング・ラインに立ち招待客全員を握手でお迎えになった時の出来事だった。

両陛下もたくさんの人に会われる中、アメリカの名優ヒューム・クローニン（妻は女優のジェシカ・タンディー）が皇后さまに『ＴＨＥ ＡＮＩＭＡＬＳ「どうぶつたち」』の中の一節を諳《そら》んじて、「これはなんだったでしょう？」と聞かれたという。皇后さまは急いで「ヤマバト」とお答えになったが、その夜、宿舎に戻ってからも幸せな気持ちに満たされていたとお話しくださった。

ほーぽー　ぐるる
ほーぽー　ぐるる

それはまどさんの言葉をそのまま英文でもお使いになったヤマバトの鳴き声だ

った。青学会館での祝賀会は、その場にいた皆があたたかな気持ちに包まれる、素敵な集まりだった。

セビリアには、まどさんも皇后さまもいらっしゃれなかったけれど、各国支部に一冊ずつ配った『THE ANIMALS「どうぶつたち」』を受け取ったIBBYインド支部が、四年後の世界大会がニューデリーに決まったので、皇后さまに基調講演をお願いしたいと言い出し、もう固く決心していた。その時は、なんと大胆で突飛なことを考えるのだろうかと思ったのだが、結局これがニューデリー大会での皇后さまのビデオによる基調講演になり、その後『橋をかける』という名著になるのだった。インド支部の大胆で強引な発想のおかげで、日本人の私たちが、皇后さまのお人柄やお考えの豊かさを知ることができたとは、今振り返っても、なんとも不思議だ。

『橋をかける』については、本当に様々なことが起こり、その思い出は何度書いても書ききれないくらいだ。

本来ならば皇后さまご自身が大会にご出席されスピーチなさるはずだったのだが、大会数ヶ月前にインドが核実験を行ったため、実現の方向に向かっていたご出席は最後の最後に結局は不可能になってしまった。そして皇后さまは、初日の基調講演に穴をあけることになると、インドの人たちのことを大変に心配しておられた。四年にもわたるインド支部の熱心な申し出や、それに精一杯応えようとされた皇后さまのお気持ちを考えると、私も島さんもいても立ってもいられず、ビデオ上映という方法もあるのではないですかと申し上げたのだった。大会までもう二週間を切っていたので、それからは怒濤の日々だった。

まず、ご出席いただくわけにはいかないということが皇后さまに伝えられた翌日に島さんと二人で御所に伺うと、完成したばかりの原稿をプリントアウトしたものを私たち二人にも下さり、ご自分で全文を読んで聞かせて下さった。五十分以上だった。皇后さまの大胆とも言えるほどに素晴らしい構成に驚いたのだが、お忙しい日常の合間にお時間を見つけては、子ども時代の読書体験からご自分のお考えや想いを見事に言葉で紡がれ、しかも聞く者を飽きさせない流れになっている——。どれほどの思いをこめて書かれたのだろうか、と思った。

ずいぶん長い間手を加えて、丁寧に書いてこられたに違いない。

戦後ずっと日本の神話は教育の場では削除され、私たちの世代はきちんと神話に向かうことなく過ごしてきた。ところが皇后さまは、神話は正確な史実ではないとしても、不思議とその民族を象徴すると思うとはっきり言われて、倭建御子《やまとたけるのみこ》と弟橘比売命《おとたちばなひめのみこと》の話をされた。

ただ、与えられた講演の予定時間を大幅に超過していたので、どこかカットしなければという大問題が起こったのだけれど、この神話の部分はどうしても残したいと申し上げたのを記憶している。愛と犠牲が分かちがたいという部分はとても重要だと思ったからだ。神話に込めた皇后さまからのメッセージだと言ってもいいかもしれないが、皇后さまにとってもとても大切なお話なのではないかと思ったのだ。これは人間が他者を愛し生きていく上で、本当に大切なことだと肝に銘じた(カットの部分については、島さんがその場で唸るように熟考し、彼女らしくスパッと決めてくれた。後に皇后さまのお許しを得て本にした時、その部分を全部もどして編集した)。

また皇后さまは、講演の中で日本と世界の名作選を含む「日本少国民文庫」につき、その編集者たちの気持ちにも思いを馳せ、感謝しておられる。「日本少国民文庫」には、十五、六冊に及び様々な名著が名を連ねていて、最近漫画化されベストセラーにまでなっている『君たちはどう生きるか』なども実はこの中の一冊だ。再評価へのきっかけとなったかもしれないと思うと楽しい。それに、私自身とても好きな谷川俊太郎さん（文）と長新太《ちょうしんた》さん（絵）の『わたし』という絵本が、「実はあれを基にしているんだ」と最近谷川さんが明かしてくださって、なんだか今更ではあるがとても嬉しかった。

ご講演はインドでのビデオ上映終了を待って、その夜NHKのETV特集で日本語版がすぐに放送された。夜中に近い時間だったにもかかわらず、視聴率は五％（通常は一％）という高いもので五百万人の人が見たことになるということだった。しかも何回もくり返し放送され、一度は外国人や聴覚障害の方たちのことも考えて、英語でお話しになったものに日本語のテロップをつけたものが放送された。

収録にあたっては日本語と英語の両方が録画された。インドで見てもらうのになぜ日本語も、という疑問が侍従からさえ出たけれど、皇后さまはご自分の英語が使いものにならなかったら困ると言っておられた。私自身は、大きな歴史的瞬間に立ち会っていると思い、いつか必ず日本国内でも見てもらいたいと心の中で祈っていた。

そして『橋をかける』が出版されるとすぐに、この文庫シリーズのうち皇后さまが直接取り上げられた『世界名作選』の二冊が刊行から六十年も経っているのに、中身は元の形のまま、あとがきだけを新たに付け加えて、復刊された。皇后さまが綴った想いは確かに多くの人々に伝わり、大きなインパクトを与えたのだった。

当時最も若いメンバーとして編集に携わっていた石井桃子さんは、その感動を、復刊された『世界名作選（二）』のあとがきに書いている。

その昔、自分たちが子どもたちのためにとあれこれ考えて編集した『世界名作選』を皇后さまがお読みになられた上、あのようによく覚えていてくださったことに感激したと、本当に嬉しそうな文章だ。

それに何より、自分の関わった本が皇后さまにとって、人間としての大きな根っこの一つになったという感動があったのではないだろうか。いつか東京子ども図書館の図書室で、石井さんと皇后さまが小さなテーブルをはさんで向かい合い、嬉しそうに話しておられたのが忘れられない。

そして、『世界名作選』については、河合隼雄《かわいはやお》さんが復刊にあたっての解説を書いておられる。自分にとっても本当に懐かしい本で、復刊を歓迎すると、心躍るようにして書いている。そして、同じものを覚えていることもあるのだけれど、同年代ではあっても皇后さまと自分とでは覚えているお話が全く違うと驚いている。

河合隼雄さんは臨床心理学者として、以前から児童文学が子どものためにのみ書かれたものではなく、大人にも子どもにも意味のあるものだということを主張しておられるので、皇后さまがご自分の子ども時代の読書について話された『橋をかける』を我が意を得たりと思われたようだ。

私もそうだが、皇后さまと同世代の人にとっては特にたまらなく嬉しいことだったようで、たくさんの読者ハガキが寄せられ、そのどれにも熱い感想が書かれていたのを忘れられない。一番多かったのは、「皇后さまは、やはり、こういう方だったのか」というものだった。何通か選んで、皇后さまにお届けすると、皇后さまは「まあ」とおっしゃって本当に嬉しそうに読んでくださった。

実は『橋をかける』を出版するにあたっては、日本文の方だけでも、必要と思ったので、注を細かくつけることにした。ニューデリーでのご講演の後、すぐにNHKで放送された時に、かなりナーバスな反響が二、三だがあったからだ。

その中でも、皇后さまが特に心を留められたのは、戦争中の英語教育についてで、ご講演の中の、英語教育を「禁止して」というくだりにつき、それは誤りだ、という強い指摘があったことをお伝えした。

この事を聞かれた後皇后さまが詳しくお調べになったところ、戦争中には、必ずしも、法律や政令で英語教育が禁止されていたわけではなかったのだが、私たちは、ほとんど皆がそう思ってきた。

結局、当時は英語の時間が減らされたり、地域によっては全廃されたりしたところもあるが、文部省通達により全廃されたということはなかったことがわかった。皇后さまは、そのことをとても心配されて、その件は、注をつけましょう、これは美智子が間違っていたと書いてくれてもいいとまで言われた。

「まだ疎開前、小学三、四年頃だったと思うけれど、ニュースが報道となったり、野球の用語もストライク、ボール等を使わず日本語になるということを耳にし、また、英語は敵国語で勉強してもいけないというような言葉もまわりで話されていたので、すっかりそのように思っていました。社会の空気だったのね」といわれ、それでも政令によるものでなかったとしたら、自分が当時日本で「英語を敵国語とし、その教育を禁止していました」と書いたのは間違いだから、という意味のことを語られた。

このようなことは、中央に近いところでは、幾分柔軟性をもって対処されていても、末端にいくと厳命のようになってしまうのもよくあることで、「そういえば、海軍兵学校などではやはり英語は必要だったでしょうね、海軍大将であった山梨勝之進さんが院長であった学習院等のケースも他とは違っていたかもしれません」等、皇后さまとは直接お話しし合わなければならないことがあの頃一杯あった。

そのように、皇后さまがどこまでも良心的に注の必要を考えておられ、心配していらしたので、ここは第三者の意見を聞きましょう、ということになった。辻邦生《くにお》さんと三浦朱門《しゅもん》さんに、とのご依頼を受け、校了が近い夜遅く、このお二人に電話した。

辻さんは、ご夫妻して両陛下とのお付き合いが長く、東京だけでなく軽井沢でも北杜夫さん等も加え、楽しく交わっておられた。北さんは皇后さまの御歌が好きで、出来れば機会を見て父君斎藤茂吉の古い歌集を差し上げたいと望んでおり、親友の辻さんが仲立ちをされたらしい。

実は皇后さまはニューデリーでのスピーチを、前もって誰か専門家に見てもらい意見を聞きたいと思われた時、辻さんにお願い出来るかと聞かれたのだったが、辻さんは、これは一貫して皇后さまお一人の手で全うなさるようにと励まされ、こんな時にこそ、皇后さまの個性が十二分に表出されることに大きな期待をかけていらしたようだった。それだけに、あのスピーチをＮＨＫのＥＴＶ特集で聞かれた時には、わが事のように喜んでおられた。

三浦さんも、奥さまの曽野綾子さんが皇后さまの大学の上級生で、お会いになる機会がよくあったことからか、時にズバズバと思ったことを言われても皇后さまは平気で、むしろ深く信頼していらした。


結果的には、お二人とも異口同音に「これは、素晴らしい文学作品だと思うので、そもそも注はいらないのでは」と言われた。そして、三浦さんは、それに続けて、「曽野の意見も聞いてやってください」と言われた。ところがちょうどその時曽野さんはご旅行中で、もうすぐ印刷にかかるというようなタイミングだったので、申し訳ありませんが、とお許し願った。忘れられないやりとりだ。

電話を切ったあとで、私はなんだかおかしくて、笑いがこみ上げて仕方なかった。まるで、中世の貴婦人を守っている騎士《ナイト》たちのようではないか。それに、三浦さんが奥さまのことを言われたのが何だかほほえましかった。

それにしても、あの頃の聖心女子大学は、まるで、金の鉱脈が掘り当てられたかのように特異な人材を輩出していた。緒方貞子さんしかり、シスターの渡辺和子さんしかり、須賀敦子さん、トールキンやサトクリフ等の名訳を次々と世に出した猪熊葉子さん、曽野綾子さん、そして島多代さんも……。

結局、英語教育の所には皇后さまのお考えを入れ、かなり丁寧に注を付した。

戦時中の英語教育に関わる問題と共に、もう一つ注の必要を考えさせられたのは、皇后さまが講演の最後に使われた「道具」という言葉についてだった。

ビデオ・メッセージを結ぶ言葉として、皇后さまはインドの核実験実施により、IBBYのインド支部が何年もかけ準備して来たニューデリー大会が、一時開催すらも危ぶまれたことを踏まえつつ、次のように述べられている。

皆様方は、さまざまな複雑な問題のある中で、沈着に、忍耐強く、この日を準備してこられました。その国がたとえどのような政治状態にあろうとも、そこに子供達がいる限り、IBBYには果たすべき役割のあることを思い、このような形になりましたが、私はこのニューデリー大会一九九八年に参加いたしました。

そして講演は次の言葉で結ばれている。

どうかこれからも、これまでと同じく、本が子供の大切な友となり、助けとなることを信じ、子供達と本とを結ぶＩＢＢＹの大切な仕事をお続け下さい。

子供達が、自分の中に、しっかりとした根を持つために
子供達が、喜びと想像の強い翼を持つために
子供達が、痛みを伴う愛を知るために
そして、子供達が人生の複雑さに耐え、それぞれに与えられた人生を受け入れて生き、やがて一人一人、私共全てのふるさとであるこの地球で、平和の道具となっていくために。

この最後の「平和の道具」という言葉に対して「子どもを道具などと」という声があったのだ。実はこの言葉は皇后さまがごく自然にアシジの聖フランシスコ

の「平和の祈り」から引かれた言葉だった。

「我をして御身の平和の道具とならしめ給え」に始まり「憎しみある所に愛を、争いある所に赦しを、分裂ある所に一致を」「絶望ある所に希望を、闇ある所に光を、悲しみある所に喜びをもたらしめ給え」「我をして慰めらるるを求めずして、慰むることを求めしめ、理解さるることよりも理解することを、愛さるることよりも愛することを求めしめ給え」等と続く。

かつて皇后さまは、この祈りのことを「困ったお祈り」と言われたことがあり、「出来そうにないことばっかり」と笑っておられた。本当に難しいことばかりだが、美しい祈りだ。

この「平和の道具」は英語でもいくつも訳文があるが、an instrument of thy peace などとなっていることが多い。聖フランシスコの口からはどのような言葉で唱えられていたのか。いずれにせよ、地が平和であるために、一人一人が心の中に平和につながる思いを強く持ち、努めて行かねばということだろう。この出典も注にして記した。

そしてここに来て、長年水俣病の人たちに寄り添い、彼らについて書いてきた石牟《いしむ》礼《れ》道子《みちこ》さんが亡くなった。皇后さまは、確か社会学者の鶴見《つるみ》和子《かずこ》さんを偲ぶ会でお会いになったと言っておられた。それだけに一層皇后さまにとって大切な人になったのではないだろうか。

そこでは、鶴見俊輔《しゅんすけ》さん、内山章子《うちやまあやこ》さんのご兄妹をはじめ、生命科学者の中村《なかむら》桂子《けいこ》さん、写真家の大石芳野《おおいしよしの》さん、私はまだ見たことがないのだが、日本最古の医学全書『医心方』三十三巻の完訳を成したという槇佐《まきさ》知《ち》子《こ》さん、歌人で鶴見さんと歌を通して交流のあった佐《さ》佐《さ》木《き》幸綱《ゆきつな》さん、俳人の黒田《くろだ》杏子《ももこ》さん、お能関係の人たち等、鶴見さんが生前親しく交わった色々な分野の人たちとお会いになる機会があったようだ。

こういう方たちと心を通わせる皇后さまの有りようは、結局はこの、ご幼少時の読書に始まっているのであろう。
『橋をかける』の中で皇后さまは「本の中には、さまざまな悲しみが描かれており、私が、自分以外の人がどれほどに深くものを感じ、どれだけ多く傷ついているかを気づかされたのは、本を読むことによってでした」と言っておられる。

被災地や戦争の跡地、それにハンセン病で傷ついた人たちの上にも心から想いを寄せる皇后さまのお姿は、すでにお小さい時の読書の感想に見えるような気がする。もちろん持って生まれた資質ということはあると思うけれど、読書によって、悲しむ人に心を寄せることのできる想像力が養われたのではないだろうか。

そして、立場は違っても、鶴見和子さんや石牟礼さんのように社会の大切な問題を、人々に寄り添って考え続けた方たちを静かに見守る姿勢をとられていたのではないだろうか。

「多磨全生園を訪《おとな》ふ」という詞書のある御歌。


めしひつつ住む人多きこの園に風運びこよ木の香《か》花の香

（平成三年）


そんな想像力について、他にも印象に残っていることがある。

今から十年以上も前、平成十九年のお誕生日に、この一年で特に印象に残ったことの一つとして、原爆投下後の長崎で、焼き場に立つ少年を写した米国の元従軍カメラマン、ジョー・オダネル氏が亡くなったことに触れておられる。
死んだ赤ん坊の弟（あるいは妹）を背負い、火葬の順番を待つ少年――歯を食いしばって両手をきちんと脇につけ、直立不動で立つ一人の少年のことは、その小さな写真が最初に新聞に載った頃から、とても心に留めておられたようで、私がお会いしている時にも何度かその話が出た。

今年八月の新聞に、原爆投下後の広島・長崎を撮影した米国の元従軍カメラマンの死亡記事と並び、作品の一つ、「焼き場に立つ少年」と題し、死んだ弟を背負い、しっかりと直立姿勢をとって立つ幼い少年の写真が掲載されており、その姿が今も目に残っています。

最初に新聞紙上に出たのがそれから更に何年くらい前だったか思い出せないが、私にとっても忘れられない一枚で、このご回答の後にもこのことでお話しし合ったことがあった。
彼がぐっと歯を食いしばっていたのは、悲しみをこらえていたというよりも、むしろ目の前でカメラをかまえている外国人の前で決して涙を見せたくない、日本の少年として、弱い姿を撮られたくない、という悲しい程に健気な気持ちだったのではないかしら、と話されていた。

　悲しみと悔しさで、かみしめた唇からは血がにじんでいたともいわれているが、戦時の冬、寒さのために子どもたちは皆唇を乾かせ、カサカサになった皮をとろうとすると血が出て、自分も周りの子どもたちも、よくそんな唇をしていた。あの幼い少年も、そんな唇を、更に強い緊張でかみしめていたのね、と涙ぐむようにして語っておられた。

　このカメラマンのオダネル氏は生前、なんとかこの少年に会いたいと探しまわったようだけれど、結局分からなかったという。

　この弟（あるいは妹だったかもしれないが）を背負った少年は自分も怪我をしていなかったのだろうか。原爆の跡地に裸足で立つその足で、その後、どんな道を歩いて行ったのだろうか。たった一人になってしまったのだろうか。そのあとどうなったのだろう、自分もその後亡くなってしまったのだろうか……。

　最近になってこの写真は、ローマ法王フランシスコの手元にもわたり、平成二十九年「戦争はこのようなものだと思う」と、記者団に自ら紹介された。遠い過去に、敵国のカメラマンの前で、負けはしたが、決して取り乱した様子は見せず、立派な姿勢をとろうとした少年がいた。皇后さまの平成十九年のご回答で、この写真に改めて思いを致した人も多かったのではないだろうか。私もその一人だ。

ご自分は特に意識されず、ただ素直に思ったままを言われているのだろうが、皇后さまのお言葉には、時としてふと私たちを忘れかけていた過去の事がらに引きもどしてくれるものがあるように思う。

先ほども少し触れたが、ニューデリーのIBBY大会では、それまでともすれば戦前を思い出すからと触れられずに来た日本の神話についても、

私は、自分が子供であったためか、民族の子供時代のようなこの太古の物語を、大変面白く読みました。今思うのですが、一国の神話や伝説は、正確な史実ではないかもしれませんが、不思議とその民族を象徴します。これに民話の世界を加えると、それぞれの国や地域の人々が、どのような自然観や生死観を持っていたか、何を尊び、何を恐れたか、どのような想像力を持っ

ていたか等が、うっすらとですが感じられます。

と、実に自然にご自分なりのアプローチで話されている。

平成二十五年のお誕生日の際には、大方の人が知らなかったり、忘れられたか、ほとんど看過ごされて来た「五日市憲法」の存在も、かつて訪れたその地の郷土館で展示されていたのをご覧になったとお話しになったことで、再び光をあびた。ご自分がこういうことは知らなかったので驚いたと。

もう一つ思い出すのは、平成十一年のお誕生日のお言葉の中で、昔の小学校の教科書の中だけに眠っていた「稲むらの火」に触れておられることだ。これは今では誰もが当たり前のように話しているが、皇后さまがそれについて思い出を語られた頃にはほとんど忘れ去られていた。

この時の一年を振り返ってのお言葉の中で、

今年も天災、人災による幾つかの悲しい出来事がありましたが、八月に、昨年復興を宣言した奥尻島を訪れ、同時に北檜山、瀬棚等を訪ねて、復興の様を見聞することのできたことは嬉しいことでした。
最近、災害の中でも、集中豪雨が、その集中度、雨量共にひときわ激しいものとなり、犠牲者の出ていることが心配です。子供のころ教科書に、確か「稲むらの火」と題し津波の際の避難の様子を描いた物語があり、その後長く記憶に残ったことでしたが、津波であれ、洪水であれ、平常の状態が崩れた時の自然の恐ろしさや、対処の可能性が、学校教育の中で、具体的に教えられた一つの例として思い出されます。

と話しておられる。奥尻で津波のあったのが平成五年、阪神・淡路の地震が平成七年で、あの悲しい東北の大災害は、このご回答を書かれてから十二年後の平成二十三年に起こっている。いつも人々の安否を気遣い、心をくだいておられることが、こうした過去の歴史からも学んでいこうというお言葉になって出てくるのではないだろうか。

こうして見て来ると、皇后さまのお誕生日の記者質問へのご回答には、ふと考えさせられるくだりが沢山あって、平成二十一年までだが『歩み　皇后陛下お言葉集　改訂新版』として出版されているのは嬉しいことだ。

『歩み』の中には、ここまで取り上げて来たものとは全く違った雰囲気で、前章で島多代さんの言葉として紹介した「カモシカ少女」健在と思わせるようなものも見られる。

それはお孫さんたちとのことを聞かれたことに対してのご返事なのだけれど、なんとお孫さんたちに習って一輪車を試そうとされたというのだ。平成十九年というと皇后さまはもう七十歳を超えておられた。もっとも「陛下がお止めになったのでいたしませんでしたが」と言っておられるのだが、何となく女学生のままで年をとられたようで、微笑ましく、おかしい。

このお孫さん方にふれたところは、皇后さまらしい細かい観察が所々に見られる。

例えば悠仁《ひさひと》さまに対して、二人のお姉さまたちが、小さなお母さまのように気遣いながら「しかも十分に手加減を知った無造作さで、抱いたり着がえさせたりしている」といったところなどだ。

ご家族について語られている所は、質問があれば、という程で、全体の中で、あまり多いとはいえないが、抑制された表現の中にも溢れるような愛情が感じ取れる。陛下への、お子さま、お孫さま方への、そして先立つ昭和の時代の両陛下への尊敬と思慕も語られている。

特に平成十二年、香淳《こうじゅん》皇后が亡くなられた年のお誕生日に語られている一節は忘れられない。

印象深かった出来事という質問ですが、私にとり忘れられない思い出は、まだ宮中に上がって間もない東宮妃の頃、多摩御陵《ごりょう》のお参りにお伴をさせていただいた時のことです。梅の実の季節で、お参り後、昭和天皇と皇太后さまと当時東宮でいらした陛下が、私もお加えになり、皆様して御休所の前のお庭で小梅をお拾いになりました。その日明るい日ざしの中で皇太后さまのお笑い声を伺いながら、これからどこまでもこの御方の後におつきしていこうと思いました。今も自分一人の記念日のように、この日の記憶を大切にしています。

『歩み』を読みながら、今はもう六十年に近い月日を皇室の方として尽くしてこられた皇后さまを思う時、「道」と題したあの御歌が頭に浮かぶ。

かの時に我がとらざりし分去《わかさ》れの片への道はいづこ行きけむ

（平成七年）

母と娘

「でももう三十よ」

そんな皇后さまのお言葉に驚き、失礼と思いながら、吹き出しそうになった。

それは一九九八年（平成十年）九月、ニューデリーで行われるＩＢＢＹ（国際児童図書評議会）世界大会で皇后さまによる基調講演をビデオ上映するためのＶＴＲ収録が終わった時のことだ。皇后さまと別室で一休みしていると、紀宮《のりのみや》さまが、ノックして顔をお見せになられた。収録したばかりの講演について、確認したいことがおありだったのだ。

皇后さまは、「ありがとう、それで宜しいのよ」とお答えになり、紀宮さまは、「はい」と静かにお辞儀して、出ていかれた。

収録に立ち会っておられた時の宮さまは、ブルー系のスーツをお召しになっておられたが、すでに着替えられていて、実にラフなジーンズとかなり年季の入った大きめなTシャツをお召しだった。そのお姿はごくごく普通の若者の普段着と同じで、気取らず、とても好ましく思った。

驚いた私が「可愛らしいですね」と申し上げると、皇后さまは世の母親と同じに、冒頭の一言を言われたのだった。ちょっと忘れられない。紀宮さまのご結婚について、いろいろと取りざたされていた時でもあった。そういえば私自身も、母に「もう三十なのだから」と言われたことがあったことも懐かしく思い出す。

昭和四十四年に紀宮さまがお生まれになって、お名前を清子《さやこ》と知った時、なんと美しいお名前だろうかと感激したのを覚えている。あの漢字をそのように読むということのゆかしさ、爽やかさに感動したのは、きっと私だけではないと思う。

あのお名前については、最初に出された案の「きよこ」という読みを、皇后さまがふと古文の中でこの字は「さや」と読ませていたこともあったのでは、と思われ、陛下にお伺いになったところ、その音の美しさから、旧知であり命名の担当者でもあった国文学者の久松潜一《ひさまつせんいち》教授に是非伺ってみようといわれ、教授も喜んでこれに同意して下さったという。
そして、お小さい時のお写真を見ると、本当に愛らしい。数え五歳の時に行われる着袴儀《ちゃっこのぎ》のお写真など、はにかみながらもその場に心から打ち解けておられる様子が素敵で、しかも凛とし、品格があり、どれを取っても、実に愛らしい。
皇后さまが、男の子も大好きだけれど、次に「小さな清子《さや》」が来てくれたことは本当に嬉しかった、とその朝の何か良いことが起こりそうな不思議な空気のお話と共に、後々繰り返し懐かしく嬉しそうに述べておられる。

「紀宮誕生」という詞書のある御歌。

そのあした白樺の若芽黄緑の透《す》くがに思ひ見つめてありき

(昭和四十四年)

何と言っても紀宮さまの存在は、ご家族の中に柔らかな喜びをもたらして来たのではないだろうか。

どなたかになにか心配事がおありのときなど、紀宮さまは「ドンマーイン」とおっしゃるようで、そのことに、皆さまがどんなに励まされたことだろうかと思う。天皇陛下が「うちのドンマインさんは」とおっしゃることがあると皇后さまが語られた記事を読んだことがあり、読む者たちをも幸せにした。

紀宮さまがご結婚されるときに出版された『ひと日を重ねて』という、宮さまのお言葉や御歌を集めたご本の中に、様々な折のお言葉や、両陛下への思い、考え方が読み取れる。

私がまずご紹介したいのは、皇后さまの女官としてお勤めになった和辻雅子《わつじまさこ》さんのあとがきだ。

行き届いた丁寧な文章を書いておられるのだが、その中でなんといっても素敵なのは、女官を拝命した日、東宮御所のお玄関近くの控え室に座っていた和辻さんの耳に「ただいま」というたいそう明るいお声が響いてきて、それが紀宮さまとの初対面だったという。ちょうど、学習院初等科から帰って来られたところで、お声だけを聞かれたというのを初対面というのはおかしいだろうか。でも、何だかとても素敵な雰囲気が伝わる。

それに、ご本に載っているお写真は、どれも、その時の「ただいま」を彷彿とさせるものばかりだ。

どのような学校生活だったのだろうか。はつらつとした笑顔と、まっすぐに前を見つめるお姿に、聡明さと優しさを感じずにはいられない。充実した学校生活だったのだろうとは思うが、特別なお立場故のむずかしさもあり、そう簡単なことばかりではなかったかもしれないとも思う。

『はじめての　やまのぼり』という皇后さまの作られた絵本に出てくる、まだ小学校の低学年くらいの少女のことが私はとても好きなのだが、山道を歩き通せるかという不安を抱きながら、目には見えないけれど、この山のどこかにきっといるというカモシカを想像しつつ歩き続け、やがて無事にふもとまで降りてくるというストーリーから、その少女はきっと紀宮さまがモデルだと想像する。繊細さとたくましさをあわせもつその様子は、とても紀宮さまらしいと感じるからだ。

フランス人のグループと共に年月をかけて皇后さまの和歌を仏訳し、仏語圏の人々に紹介された竹本忠雄《たけもとただお》さんは、この絵本をミスティシズム、つまりは神秘主義に通じる作品として捉えておられるが、この『やまのぼり』は、そうした普遍性をもったテーマの故か、方々の国の人々から共感を寄せられ、翻訳も多く出版された。中にはバスク語の私家版作りに取りくまれた方もあったと聞く。

皇室を取り巻く環境が戦前とすっかり変わったということもあったことだろうが、両陛下はそれまでの慣習通りではなく、お子さまたちをお手元でお育てになると決められ、それは後々まで、お子さま方によい影響を与えたと思う。

それでも、たくさんの公務をなさる中で、両陛下にとっては子育てと公務の両立のために大変なこともどんなに沢山おありだったことだろうかと私などは思ってしまう。

最初は完全母乳でスタートされ、深夜一回あった授乳が何とか夜遅くに一回、早朝に一回で済むようになるまでは看護師を休ませ、お子さまはご自分方の近くで寝《やす》ませておられたから、夜泣きがあった時は、陛下をお起こししないよう、抱いてお部屋を離れておられたようだ。大切な儀式などを控えておられても、お子さまの具合が悪く、泣きやまないということなどおありではなかっただろうか。考えたら落ち込んでしまうほどだが、やはりそれが子育てということで、皇后さまはそれをご自分に課していらしたということだ。

今でもそのお話が出ると、でも私にはいざという時には助けを求められる人がいたのだから、とよくおっしゃる。

皇后さまの御歌には、母としての思いが垣間見られるものがいくつもある。何《いず》れかの国に、公式訪問されて帰国の途につかれた時、母国が近づき現地の気象が報《しら》されると、急にお子さまたちのことが思われたのだろうか。どんなに嬉しく愛しくお思いだったただろう。

家に待つ吾子《わこ》みたりありて粉雪《こゆき》降るふるさとの国に帰りきたりぬ

（昭和四十六年）

そしてまた、母の日にお訪ねになった養護施設でのことを詠まれた御歌では、子どもたちが歌ってくれた歌が格別に胸に迫ってきた様子が見て取れる。

吾子《わこ》遠く置き来《こ》し旅の母の日に母なき子らの歌ひくれし歌

（昭和三十七年）

目の前で一生懸命歌ってくれている子どもたちと、お留守番をしているご自分のお子さまとが重なったのだろうか。なんとも忘れがたい。

また、紀宮さまは科学者である陛下にもよく似ておられると私は思っていて、『ひと日を重ねて』を読み進めていくと随所にそのような感じが溢れている。それに嬉しいことに、そこではそのまま、ご家庭の日々のご様子をうかがい知ることもできるのだ。

例えば、平成十二年に紀宮さまはお誕生日の文書ご回答にこのようなことを書いておられる。

この時期、恐らく南米訪問の前だったと思いますが、陛下が英国の新聞に掲載されていた「フエゴ島に生活していたネイティブの一族の最後の一人が亡くなった」という小さな記事を示され、このことは大事なことで記憶しておいた方がよいと静かに話されたことがとても印象に残っています。

それに続けて、

日々、世界の様々な動きの把握に努められるお立場にあることはもちろんですが、そのお話の背景に、陛下の科学者としての視点や、幼いころから書物を通して世界各地に親しまれてきた歴史が窺えて、興味深く思ったものでした。

と記しておられる。

国内外の災害についてもよく言及されているのだが、同じ平成十二年のお言葉で、宮さまは規模の大きな災害が続くことに触れ、「何が危険かということを知らない、あるいは知らされない恐ろしさということについても深く考えさせられました」「それぞれの立場で身の回りの危険を知る努力と想像して備える力を持たなくてはならないと、改めて感じました」と言っておられる。

また、その前年の、「国際青年の村'99」開村式では、「私が家庭にあって耳にした印象深い言葉の一つに『無関心であることが魂の平安であってはならない』というものがあります」と紹介しておられる。

この出典が今回ようやく分かったが、これは皇后さまが、かつてご結婚前の昭和三十三年ベルギーで開かれた聖心世界大会に臨まれた時に、開会のミサで当時各地で独立のきざしと共に混乱の生じていたアフリカの将来につき聖職者の語られた言葉を「それからずっと忘れられずにいること」として、五十歳のお誕生日の記者会見で語っておられたことだった。

このように母上が日常の中でお話しになったであろうことを、大切なこととしてお心に刻まれていたのだろう。両陛下の愛情深さと、それをしっかりと受け止められた宮さま――ご家庭の雰囲気がとてもよく伝わって来て忘れられない。

そうした一方で、皇后さまとそのころ放送されていた「ビューティフルライフ」というテレビドラマの話になった時のこと。私が主役の木村拓哉と常盤貴子という俳優の……とご説明しようとすると、「とてもいいのですってね。来週は急展開があるらしいの」とおっしゃったので、本当に驚き、これは、紀宮さま情報に違いないと思った。母と娘で同じドラマを楽しみにしておられるそのご様子が微笑ましく、なんだか嬉しくなった。

『歩み』や御歌集『瀬音』のような皇后さまご自身の手による記録や『ひと日を重ねて』のように紀宮さまご自身の記録、また、過去の出版物の中に散見される紀宮さまと皇后さまとのお交わりの歴史には、何か他にはない独特のものがあるように思う。単に好いお話というだけでなく、先の「ドンマーイン」のようにどこかほのぼのとして楽しい。

皇后さまと子どもたちを特集した写真集『皇后さまと子どもたち』には、皇后さまと日本や世界の子どもたちとの交流のさまざまな場面が特集されている他、皇后さまとご自身のお子さま方とのとても美しい折々のお写真も載せられている。その中に紀宮さまが両陛下、礼宮《あやのみや》さまとお散歩中のエピソードを、成長された宮さまご自身が話しておられるところがあった。

目の前を走って逃げる青大将を見つけたお兄さまが、「蛇だ。さやこ追え」と命令なさる。忠実な部下の、まだ小学生の宮さまがつかまえようと追っていくと、皇后さまは嚙まれて大丈夫か心配され、陛下におたずねになったのだろう、やがて後方からうれしそうな皇后さまのお声が届く。「さやこちゃん大丈夫よ、かんでも毒はないのですって」と。そうか、この家では、かまれることは「大丈夫」で、毒があって初めて「大丈夫でない」んだ。わたしって大変なところに生まれて来たのかも、というおかしみが込められた紀宮さまの感想が書かれていたと記憶している。

また、これは皇后さまご自身から伺ったことで、アリとキリギリスのお話をお二人でされていた時のことからは、母と娘が互いを慈しみ合っている素敵なご関係が窺える。

　失礼かもしれないが、皇后さまは何でも着々と物事を成し遂げる、とか、きちんきちんと片付けていくというタイプの方とは少し違うようだ。美しいものに出会えば、そこにたちどまってしまうし、心引かれるメロディーに出会えば、かりにそれが流行歌であれ、ポピュラーであれ、くり返し頭の中で鳴ってしまい集中がむずかしくなる。

「私はやはりキリギリスね」とふと言われた時、もうご結婚なさり、独立されていた清子さまが、楽しそうに笑われながら「そう、そう、やっぱりアリではいらっしゃらないのね。でも……キリギリスだけとも違うし。ああ、一所懸命アリになろうと努力しているキリギリス？」と返されたと、それは楽しそうに話して下さった。

　皇后さまのご性格の中に、詩人というか芸術家というか、どちらかというといわゆる優等生だけでは収まらない部分があって、それでも制約の多い皇室の中で、そうした創造的部分は、和歌とわずかな音楽の世界にとどめ、与えられた日々のお仕事を何よりも大切にしてこられた。ひと度ご自分の選んだ道で強い責任意識をもって務めを果たしておられる皇后さまを、清子さまは深く尊敬し、同時にそうしたお母さまの「キリギリス」の部分も大好きだったのだろう。

個人的な思い出でもあるのだが、紀宮さまと言えば、新聞に小さく出ていた記事に、紀宮さまの愛犬が、宮さまの海外でのご公務中に預けていた施設から、行方不明になったということがあった。

確か、千代という名前だったと思うのだが、私の実家でもその頃同じ紀州犬を飼っていて、白い日本犬のそれは、本来猟犬のようで、なかなか気性の激しい犬だった。父がとても気に入っていたけれど、飼うのは大変そうだったので、そのような犬を紀宮さまが飼っておられたということにまず驚いた。

しかしそのことが報道されたのはその一回だけで、あとは何も伝えられなかった。今この『ひと日を重ねて』を見ると、紀宮さまと一緒に写る白い日本犬の写真が載っている。これが千代だろう。

ちょうどその頃、何かの集まりで宮さまとご一緒することがあり、千代のことを伺うと、「千代が自分で出て行きたいと思ったのだから、それでいいと思うのです」と静かに、しかしきっぱりと言われたのだった。預かってくれた方たちが責任を感じ悲しむことをご案じになっていると感じた。

いろいろな思いもおありだろうにと、その潔《いさぎよ》さには、何か尊敬の念を抱かざるをえないような気持ちになり、自分がそのようなことをお尋ねしたことを軽率だったと恥じた。

いつかこの千代のことからだったか、紀宮さまのこうした潔さが話題になった時に、皇后さまが言われたことも忘れ難い。

皇后さまは紀宮さまが幼少の一時期、御所にお知り合いのモンテッソーリの先生を招かれ、数人の同年配のお子さんたちと一緒にクラスをお願いになっていたことがあった。

一度その教室を見学された時、丁度子どもたちは幾つかの非常に美しく作られた教育玩具を前に、その授業の時間中、自分はどの玩具で遊ぶかを思案していたところだった。玩具は全部違い、その中から一つだけを自分のものとして選ぶ。

「選んだらばその一つがその時間中自分の遊び道具になるの。途中で他の人が選んだものが欲しくなっても、それは叶わない。子どもにはずいぶん厳しいことと思うけれど、長い人生の始まりの時期に、このような経験を持つことは、もしかしたらとてもよい事だと思ったの。一つを選ぶということは、他は選ばなかった、捨てたということね。もしサヤに潔さを感じて下さるとしたら、あの教育から受けた訓練のおかげもあるかも知れない」と感慨深く語られていた。

千代のことも、預けたご自分の判断に責任を感じておられたのかも知れない。

犬のことで思い出したといってはおかしいが、皇后さまには鳥類の研究者でもある紀宮さまを詠まれた次のような御歌がある。

バンダーの資格うれしと軽装の子はいでゆけり冬枯《ふゆが》るる野に

（平成二年）

バンダーとは鳥に足環などをつけて学術的な調査を行う鳥類標識調査従事者のことで、その資格をお取りになられたことを、母として喜び、また、研究に一途なその姿に、ある種尊敬も感じられたのではないかと思った。

ずいぶん前に、「WATARIDORI」という映画があり、見たいと思っていたところ、紀宮さまが試写会においでになったという報道があり嬉しかった。『ひと日を重ねて』を拝見すると、鳥に関心を持つようになったのは皇后さまの本棚にみつけた佐伯敏子著の『庭にくる鳥』という本を読んで、ご自分の庭先にも餌台や巣箱を置いて鳥を呼ぶようになってからだとおっしゃっている。


そして、それほど報道されることがなかったのが残念なのだけれど、紀宮さまが公務で外国に行かれた時など、ニュースでその様子を拝見すると綺麗に整えられたおかっぱ頭で、独身でおられたので可愛らしく品の良いお振袖をお召しになられ、まるで伝統的な日本人形のようで、どんなに相手国で喜ばれ歓迎されたことだろうかといつも思っていた。

とはいえ、両陛下の時とは違うので、お付きの方の人数もずっと少なく、色々と大変でいらっしゃったようだ。きっとそれだけに、前述の和辻さんや、その時々にお付きした皇后さまの御用掛たちには厚く信頼を寄せておられただろう。

このように公私ともに充実した内親王の生活を全うされた紀宮さまは、いよいよご結婚の日を迎えられる。植田いつ子さんのデザインによる、実によいカットの、美しくシンプルなウェディングドレスで式に臨まれ、披露宴では宮さまのたってのご希望で、皇后さまの貝櫃《かいびつ》柄のお和服を頂かれてお召しになっていた。本当に多くの人々が、心から喜び、祝福したあの日であったと思う。

『ひと日を重ねて』の中で、紀宮さまは、両陛下のお仕事やお立場を深く見つめられるようになったのは、高校総体などに時々ご一緒するようになった、高校生の頃からだったと言っておられ、

時代の流れにそって、子供たちは皆お手元で育てていただき、一つの家族として過ごせたことは本当に有り難いことでしたが、その一方で公務は常に私事に先んじるという陛下のご姿勢は、私が幼い頃から決して崩れることのないものでした。国際、国内情勢、災害や大きな事故などに加え、宮中祭祀

にかかわる全てが日常に反映されるため、家族での楽しみや予定が消えることもしばしばで残念に思うことも多々ありましたが、そのようなことから、人々の苦しみ悲しみに心を添わせる日常というものを知り、無言の内に両陛下のお仕事の重さを実感するようになりましたし、そうした一種の潔さが何となく素敵だとも感じていました。

と語っておられる。

成年皇族となられ初めて出席された新年の、朝から夕方までの長い長い行事が終わったあと、紀宮さまが、「両陛下は、これだけのお行事を果たされた夜に、子どもたちと遊んで下さったのですね」と呟くように和辻さんに漏らされたことがあったという。

宮さま方がお小さい頃、お正月三が日はほとんどご両親がおられなかった。それでも、両陛下は宮中からおかえりになって、お夕食を済まされると、お子さま方とコマ回しなどをして、一緒に楽しく遊んでくださったことを、どんなにか懐かしく幸せに思い出しておられただろう……。

皇后さまの御歌にはお子さまたちを詠まれた歌がいくつもあって、私はそのどれもが好きで選ぶのに困るほどだけれど、その中でも異色な感じがして想像が膨らむのは、

松虫の声にまじりて夜遅《よる》く子の弾くならむギターの音《おと》す

（昭和五十九年）

このギターの主はどなただろうか、やはり、秋篠宮さまだろう……、と勝手に思う。

平成二年に秋篠宮さまがご結婚なさったその翌日の朝早く、両陛下がいつもお散歩なさる赤坂の御苑に向かって、御所のお庭から出て坂を降っていかれた時、その先の大きな木の下に、秋篠宮さまと紀子さまがご挨拶をしようと立って待っていらしたことを、皇后さまが嬉しそうに話して下さったことを覚えている。どんなに可愛く思われたことだろう。

秋篠宮さまは一見剛胆だが、その実ご兄弟の中でも最も繊細な神経を持たれ、

いつも陛下や兄の皇太子さま、妹の清子さまに気を配って陰でご一家を支え続けてこられた。そんな宮さまのことを、皇后さまはずっとあたたかく見つめて来ておられる。
六月のお二人のご結婚を祝われた皇后さまの御歌。

瑞《みづ》みづと早苗生ひ立つこの御田《みた》に六月の風さやかに渡る
（平成二年）

あの頃、ご家族皆が赤坂御所に住んでおられ、急遽決められた秋篠宮ご夫妻のためのお住まいはとても質素なものだったらしく、尚更そんな若いご夫婦の気遣いが嬉しく感じられたのかもしれない。
そして皇太子さまについては何と言ってもこの御歌ではないだろうか。

「父母《ちちはは》に」と献辞のあるを胸熱《あつ》く「テムズと共に」わが書架《しょか》に置く
（平成五年）

私もこのご本は出版直後に手に入れ、とても楽しく読ませていただいた。献辞というものの魅力をかけがえのないものとして改めて感じたのは、あの時だったかもしれない。

もう一つ、「皇太子の結婚を祝ふ」という詞書の美しい御歌も忘れがたい。

たづさへて登りゆきませ山はいま木木青葉してさやけくあらむ

（平成五年）

紀宮さまのご結婚は皇后さまの御歌集『瀬音』の出版後になるので、この御歌集にはなく、お言葉集『歩み』の巻末に「紀宮」という詞書で収録されている。溢れるような愛情が切ないくらいだ。

母吾《われ》を遠くに呼びて走り来《こ》し汝《な》を抱《いだ》きたるかの日恋ひしき

（平成十七年）

共に旅する

「陛下が誘ってくださったの」

平成二十五年四月、国際福祉協会創立六十周年記念晩餐会「チェリー・ブロッサム・チャリティーボール」で、皇后さまがオーガンディーのような美しい薄いピンク色の、ドレープを引いたようなドレスで陛下とご一緒にダンスをなさるご様子が、一瞬テレビのニュースで流れた。ちらっとしか見られなかったのだが、お二人とも幸せそうにお互いを見つめ合いながら踊っておられ、本当に素敵でいらした。

その少し後に、お電話でお話をした時に、私が「あまりに素敵で一瞬のことだったけれど見惚《みと》れてしまいました」と申し上げると、嬉しそうに冒頭のようにおっしゃったのだ。なんと純情で可愛らしいのだろう。比べるべくもないけれど、自分の学生時代のダンスパーティーの事などを思い出したりもした。

それにしても、ダンス中ずっと微笑みを交わしながら自然なステップを踏んでおられ、大勢の人がいる中、フロアにはお二人しかおられないという状況で、緊張するわけでもなく、楽しそうでいらっしゃり、こういうことも必要であればなさるのだ、と本当に驚いた。そして実に素敵だった。

お二人の息がぴったりと合われていたこと、ステップの軽やかさ、何より非常に楽しそうなご様子を拝見して、普段から練習などなさるのでしょうかと思わず伺ってしまった。

この大規模なチェリー・ブロッサムのボールには、普通他の皇族方が出られるので、お二人でダンスをなさるのは何と二十年振りだったという。少し前から、夜などに、少しずつ練習され、何とか間に合わせた、と話して下さり、お忙しいお二人にとって、とても大変なことではあったと思うが、手に手を取り練習された時間は、心楽しいひとときでもあったのではないかと想像した。

最初の曲はリクエスト出来るということで、陛下はお二人が出会われて最初に踊られた想い出の曲「シャルメーヌ」をリクエストなさったという。皇后さまはどんなにお幸せにお思いになったことだろう。ワルツの他にも、タンゴもリズミカルに踊られたらしい。そして他にも、「ムーン・リバー」「パリの屋根の下」となんと計四曲もご披露され、会場はあたたかくも感動的な空気につつまれたという。

後で聞いたところではその場にいた皇室担当の若い女性記者などは感激して涙ぐんでいたそうだ。お二人の仲の良いことは、見るものをそっと幸せにし、その暖かさに感動すら与えるのだろう。

ご結婚から六十年近く、いくら一大決心をして嫁がれたとはいえ、初めて一般から皇室に入られた皇后さまにとっては、大変なことがどれほどたくさんおありだっただろうか。一方でまた、嬉しく思われることもどんなにおありだっただろう。私たち国民にとっても、結婚というものの理想的な形がお二人に見えるような気がする。

昭和五十年に起こった、あの事件――戦後皇室として初めて沖縄県を訪問された皇太子さま（現天皇陛下）と妃殿下（現皇后さま）に火炎瓶が投げつけられた「ひめゆりの塔事件」のことは、当時私もニュースで見ていた。映像だけでもかなりショックで、しかし、同時にこういう困難なことを共に乗り越えるためにこの方は皇太子妃になられたのだ、という思いも湧いてきた。

混乱する現場の中で、お二人とも冷静にふるまっておられ、また、その後のスケジュールを予定通り運ばれた皇太子さまと、そのお隣に付き添われる、当時皇太子妃であった皇后さまのお姿には、並々ならぬ覚悟のほどが見てとれた。でもそれは言葉で言うのは易く、実はどれほど大変なことだったか……。

あの時沖縄を去るに当たってお二人の残されたお言葉は、その後お二人の評価がしっかりと定まって来た平成十年以降、とりわけご譲位のせまった昨今でこそ度々に引用されているが、当時は事件直後を除き、ほとんど忘却されてしまっていたように思われる。昭和の終わるまで、また、新しい平成の御代の初めにも、火炎瓶事件こそ話題になっても、この時のお言葉にこめられたお二人の強い決意につき記述した記事はあまり見当たらない。

そうした中、この時のお言葉の内、とりわけ当時心に残った部分が、一つの映画の中に、一語残さず記録されていたことを知ったことは驚きだった。松山善三《まつやまぜんぞう》さんが撮られた沖縄国際海洋博覧会の記録映画である。海洋博の名誉総裁として訪沖された当時の両殿下が、ひめゆりの塔の事件のあと、黙々と慰霊の地を歩むその足元に、そのお言葉の一言一句が、一つの時代の大切な記録としてテロップで流され、残されていた。

払われた多くの尊い犠牲は、一時《いっとき》の行為や言葉によってあがなえるものではなく、人々が長い年月をかけてこれを記憶し、一人一人深い内省の中にあって、この地に心を寄せ続けていくことをおいて考えられません。

この時のこのお言葉を、その後四十年余、両陛下は忠実に守って来られた。平成三十年三月末に、日本の最西端、与那国島を訪ねられたが、海洋博を含め両陛下の沖縄訪問は、十一回にのぼっている。

中学生だった頃の私が、皇太子殿下のお姿をはっきりとニュースで拝見し、鮮明に記憶しているのは、昭和二十八年三月、昭和天皇のご名代として、英国のエリザベス女王の戴冠式においでになる時のご様子だった。半年間にも及ぶ欧米外遊の途に就かれたのだが、確かプレジデント・ウィルソン号という客船に乗られたのではなかっただろうか。船が沖に出て行くまで、大小たくさんの見送りの船が一緒に進んでいく様は、実に壮観だった。

あの頃のことだから、途中、船上でのお姿を写した写真は、伝書鳩で送られてきて、それが新聞に掲載された。船の中で外国人の方々と麻雀などをしておられた皇太子殿下の楽しそうなご様子も紹介され、その中には、長いスリットの入ったチャイナドレス姿の高貴な中国のご婦人もいたのが印象的だった。

当時の私には「外国」はまだまだ遠く、それはその頃の多くの国民にも同じで、様々な外国人に囲まれ、堂々と、そして楽しそうな皇太子さまに、何か明るい未来を感じたりしたのだと思う。

そして、なんとも素敵だと思うのは、あのご旅行の時、弱冠十九歳だったお若い皇太子さまが、スペインで母宮とお妹君の清宮《すがのみや》さま、それにいつか巡り会うであろう未来の妃殿下のためにお揃いのブローチを三つお買いになったということだ。その五年後の昭和三十三年、美智子さまとのご婚約が発表された日に、その三つ目のブローチを美智子さまにお渡しになったというから、天皇陛下の本当にお優しく素直な愛情が感じられる。

陛下は軽井沢のテニスコートで、皇后さまを見初められてから、お言葉やお心を尽くしてなんとか結婚を受けてもらいたいと思われただろうけれど、どのようなお言葉をお使いになる時にも、皇太子としてのお立場が、何よりもまず第一に優先されるという芯の部分は、ビクとも動かなかったという。そして、結局はそれこそが皇后さまのお気持ちを射止めたのだろう。

また、皇后さまも、そのような陛下のお心の定《さだ》まりようにこそ魅力をお感じになり、最終的にご自分の人生を陛下のおそばにと決められたのだということが、この六十年近い年月を振り返る時、はっきりと見えて来るように思われる。

少し脱線するかもしれないが、「友情ある説得」というゲーリー・クーパーが主演した、南北戦争の時のクエーカー教徒を描いた映画がある。パット・ブーンの歌う美しいテーマ音楽が流れ、皇后さまとはよくそのお話が出るのだけれど、まさに陛下は皇后さまに対して「友情ある説得・Friendly Persuasion」をなさったのではないかと私には思える。

　私はこの歌を皇后さまが知っておられたことにまず驚いた。というのは私の家族はこの映画を父が気に入って、家族みんなが見にいったものだったのに、そのあと友人たちでこの映画を知っている人はあまりなかった。それなのに皇后さまが平成十五年のご自分のお誕生日に森山良子さんと伴奏者をゲストに招かれて、この歌を歌っておもらいになったとき、本当に驚いた。あとで森山さんに聞くと、皇后さまのご希望でこの歌の楽譜を捜したとのことで、実はそれまでこの歌を聞いたこともなかったと言っていらした。

　それからまた数年の後、平成二十九年のお誕生日に皇后さまは古澤巌《いわお》さんのバイオリンに合わせて「友情ある説得」をピアノで弾かれ、その後で「これは千枝子さんの為に弾いたのよ」とおっしゃったので、またまた驚いた。まわりにたくさんの方がいらしたので私はあまりのことにびっくりして、頭がまっ白になりそうだったけれど、皇后さまがこの曲に寄せる思いがとても深いのだとあらためて思った。この日、もう一曲演奏された映画音楽は「ドクトル・ジバゴ」のララのテーマだった。

そういえば、「友情ある説得」には、「あなたは私のもの。私は、あまり気の利いた褒め言葉を知らないけれど、あなたは、私をさまざまな形で喜ばせてくれる」とあって、その後に「ボンネットをかぶり、肩にケープを羽織り、手袋をはめて、さあ私と来ておくれ。あなたを深く愛します」「Thee I love」と続く。私には、まるで、あのご婚約の日に、正田邸をお出になるときの皇后さまのお姿に歌いかけているような気がしてしまう。

そして「友情ある説得」という言葉そのものが、まるで陛下が「結婚してほしい」と皇后さまを静かに説得されるご様子、そのもののように思えるのだ。

また、最近のパンダ・ブームとも関連するとてもかわいらしいお話で、ぜひ書いておきたいのは、大きなパンダのぬいぐるみのことだ。

あのご婚約が整う数年前頃からだろうか、日本でもその独特の姿が写真などで知られ始めたのか、まだブームとまではいかないながら、そろそろぬいぐるみなどが売り出され、皇后さまも銀座の小松ストアーかどこかの棚に飾ってあった大きな二匹のパンダのぬいぐるみが気になっておられたという。そのうちの一つは、いつの間にか売れてしまい、当時お友だちの間でも「歌舞伎の何々さんが買われたみたい」などと話題になっていたらしい。

皇后さまはどちらかというと、お人形よりテディベアなどのぬいぐるみ派で、その頃すでにとても可愛い、中サイズのパンダのぬいぐるみを持っておられ、「チークウィード」という名をつけて大事にしておられた。皇后さまのご婚約が整った時、同級生の多くが「お祝いはあれだ」、とお店に走り、何とかそれまで無事に棚に残っていた大パンダを皆のお金を集めて買い求め、お贈りしたという。

そして、いよいよご結婚も間近で、花嫁のお荷物が当時の東宮仮御所だった常盤松《ときわまつ》御所に運び込まれた時のこと。トラックが着いて荷物がおろされる時に見に来られた陛下は、その大きなパンダに気付かれると、ご自分でお抱きになって、お二階の皇后さまがお使いになるお部屋にお運びになり、椅子にお座らせになったという。

パンダをつれてくる程の幼い所もある人だったのかと、一層いとおしくお思いのこともあっただろう。そしてご成婚後、初めてその部屋に入られたお若い妃殿下が、そこで椅子に座ったパンダを見つけ、どんなに嬉しく思われたか。ましてその後、お荷物を担当した人々から、パンダは殿下ご自身がお連れになったと聞かれた時、どんなにお幸せに思われたことか――。

お一人で暮らしておられたところに、いよいよ妃殿下がおいでになるということをその頃の陛下がどれほど嬉しく、どれほど待ち遠しく待っておられたことだろうかとも想像し、微笑ましく、温かい気持ちになる。

先にも紹介したが、やはりこの御歌は皇后さまのお気持ちを特に深く窺えるような気がする。特に「君と住む家」と言い切っておられるところがとてもいいなあと思うのだ。

「常磐松の御所」という詞書のある御歌。

黄ばみたるくちなしの落花啄《らくくわついば》みて椋鳥《むくどり》来鳴く君と住む家

（昭和三十四年）

そして、この「君と住む」常磐松の御所で一年程をお過ごしになった後、両殿下は新たに建てられた赤坂御所に、一歳になられる前の浩宮《ひろのみや》さまと共に転居されたわけだけれど、そこで、更にお二人のお子さまがお生まれになり、このお三人がそこでお育ちになる。気がつけば、どれほど思い出多く、また愛着の残る御所だったことだろう。

この御所の御門を、どれだけ多くの国内外のご公務のため、お子さま方を残してお出になったか。

いつだったか入院生活を終えてお帰りになり、迎えて下さった陛下のお肩に、思わずお顔を埋められたのもこちらのお玄関先でのことだ。数え切れない程の試練に出会われたが、その全てを受け入れ、「自分も多くのことを許されているのだから」と、その全てを許して今日の静かな境地を育まれたのが、昭和から平成の初めまで住まわれたこの赤坂御所時代だったのだろう。平成三十一年の一月に

ＮＨＫで再放送された特別な番組の中に、両陛下が御所のお庭をつくしを摘んだりして散歩しておられるご様子をゆっくり拝見できた。皇后さまはうすいブルーのジャケットをお召しですばらしく美しかった。その時、陛下が皇后さまの背中をトントントンとさするようにやさしくたたかれ「いろいろとね」と言っておられた。お二人にだけ通じる何かのことを労《ねぎら》っておられたのだと感慨深かった。

皇居への転居がいよいよ近くなった時の、感謝と共に懐かしさとそこはかとない切なさを込めた美しい御歌が残されている。

「移居」という詞書のある御歌。

三十余年《さんじふよねん》君と過ごししこの御所に夕焼の空見ゆる窓あり

（平成五年）

ヴェロニカ

岩手県八幡平《はちまんたい》市の私の家の庭に、青い小さなヴェロニカの花がいくつも咲いた。昨年は冬が特に厳しく寒かったせいか、春が急にやってきて、すべての植物がいつにも増して華やかで美しく、とても元気が良いように見える。ヴェロニカもめずらしいほど生き生きとして、花がたくさん咲いてくれてなんとも嬉しい。それに皇后さまご自身が、どこか聖女ヴェロニカを思わせるような方だと思う。

ヴェロニカの花といえば、いつか御所にお招き頂いた時だったが、皇后さまが陛下とヴェロニカの花の話をしておられ、陛下が「ヴェロニカはあの花の他に、全然形状は違うけれど、白いトラノオも指すようだ」と言われたのが忘れがたい。皇后さまのお好きな花を陛下も気にしておられるのだ、素敵だと思って聞いていた。

そして、皇后さまも、何か歌の話をしていた時に、陛下のお好きな歌として、「野菊」のことを話してくださったことがあった。あの歌は私たちも小学校で習った懐かしい歌だったので、そういう歌をお好きでいらっしゃる陛下の素朴とも言える一面を拝見したような嬉しい気持ちがした。

皇后さまの御歌に「菊」という詞書のあるものがある。

わが君のいと愛《め》でたまふ浜菊《はまぎく》のそこのみ白く夕闇《ゆふやみ》に咲く

（平成三年）

ここで詠まれている浜菊は三陸から移されたものだろうか。夕闇に咲く白い菊の花の浮き立つような美しさが思われる。

そして、花といえば、いつか御所で拝見した夕《ゆう》スゲの美しさは忘れられない。軽井沢から種を分けておもらいになったとかで、ある夏の夕方、御所のお庭一面に急にあの優しい黄色の花が咲き出した。息をのむほど美しかった。

そういえばいつだったか、皇后さまからロンドン・リンネ協会によるリンネ生誕三百年記念行事での陛下の基調講演「リンネと日本の分類学・生誕三百年を記念して」の冊子をいただいたことがあった。あの時、皇后さまは本当に嬉しそうで誇らしげでいらした。

講演の中で陛下は、日本の文明開化の夜明けのこと、『解体新書』のこと、杉田玄白や桂川甫周《かつらがわほしゆう》のことなどにふれて、詳しく述べられ、特に分類学の父と呼ばれる生物学者リンネの弟子、ツンベルクを介しての日本と西洋との出会いを話しておられる。リンネの母国、スウェーデンに招かれた際の思い出も書かれておられ、専門的なお話にもかかわらず、素人《しろうと》の私も非常に興味をもって拝読した。

もう随分前だけれど、安野光雅さんと御所にお招きを受けたことがあった。そのような場合、東京に住んでいた頃はご近所同士だったので、私が車で安野さんを仕事場にお迎えに伺ってご一緒するのが常で、その時もそうだった。

皇居に着いた時にはもう薄暗くなっていたので、あれは秋のことだっただろうか。乾門《いぬい》を入って御所の近くに来た時に、車の前をタヌキが横切った。「あっ、タヌキ！」と私が声をあげたのだけれど、安野さんは気がつかなかったようだ。

御所に着いて、お部屋に招き入れられると、その日は天皇陛下もご一緒だったので、私が「先ほどタヌキを見たと思いますが、そんなことありえますか？」と申し上げると、陛下は「ああ見ましたか。私もよく見ます」と言われ、タヌキが毎日同じ所にするいわゆる「溜糞《ためふん》」を定期的に調べているお話をして下さった。お忙しいご公務の合間をぬってご自分にしかできない調査をされている、科学者としてのお姿を改めて見る思いだった。陛下はそのことにつき「皇居におけるタヌキの食性とその季節変動」「皇居におけるタヌキの果実採食の長期変動」という題で共著者とともに二度にわたって論文を書いておられる。

また、安野さんに聞いたのだが、陛下は学名はあったが和名のなかった幾つかのハゼに和名をつけていらっしゃる。その中には、陛下のご依頼で皇后さまが名前をお考えになった「アケボノハゼ」や、「ギンガハゼ」がある。なんだかとってもいいなと思った。ハゼの研究やリンネ協会でのお話については、安野さんがカバーにハゼの絵を描いた『天皇陛下　科学を語る』という一冊の本が上梓されている。

「論文」という詞書のある御歌。

論文の成《な》るたび君が賜《たま》ひたる抜刷《ぬきずり》の数《かず》多くなりたり

（昭和五十七年）

そういえば、先日、「羊と鋼の森」という映画を両陛下お揃いでご覧になったという記事を新聞で読んだ。私はまだその映画を見ていないのだけれど、原作は本屋大賞を受賞したピアノ調律師を描いた同名の小説だという。

実は私もM・B・ゴフスタインという作家の『ピアノ調律師』という絵本を出版したことがあって、ピアノ調律師という仕事に対して特別な思いがある。皇后さまはその絵本の出版をことのほか喜んでくださり、この日会われた映画の監督さんにもご紹介くださったらしい。

皇后さまは今まで何人ものピアノ調律師の世話になってきておられ、それこそ特別な思いがおありなのだと思う。それにこの絵本は、「働く」ということの根本を考えさせられるものでもあり、そのような絵本を好きになられるところが実に皇后さまらしいと感じた。

そして、この絵本の作者のゴフスタインは二〇一七年の暮れに亡くなった。その別れの言葉を記した美しい冊子を彼女のご主人が送ってくれ、ちょうどお訪ねする機会のあった皇后さまにお目にかけた。

すると、何度も読み返され、遠慮がちに「コピーをとってくださる？」とお尋ねだった。この冊子は、彼女が七十七歳の誕生日に旅立ったことを記念して、ご主人が七十七冊作ったもので、彼自身も編集者ということもあり、紙の選び方、印刷の方法、文字の選び方など、どれも実に見事だった。もちろん、彼はとても喜んで、皇后さまの分をすぐに一冊送ってくれた。

皇后さまは人と人、あるいは人と何かが繫がれる、何よりも人と自分が思わぬことで繫がれて出来た「ご縁」というものをとても大切にしておられるようだが、これも、本当に不思議なその一つのような気がした。きっとご自分が、いつもそのように、人や物に繋いでもらってきているという思いがおありなのだろう。書物にも、そして音楽にも。

いつの間にか、手元に両陛下のお写真の載ったご本が増えていて、その中でも見るたびに感動を覚えるのは、日光で陛下がお撮りになったというモノクロの、皇后さまの横顔の美しいお写真だ。本当にお美しい。

このお写真は皇后さまが流産なさった後で撮られたものらしいのだけれど、ちょっと哀愁を帯びたご表情だ。浩宮さまがお生まれになった三年後の昭和三十八年、まだお子さまはお一人だった。そのことについて、紀宮さまがご自身の御歌とお言葉集『ひと日を重ねて』の中で、次のように記しておられる。

当時、皇室では流産自体が公表されることの無かった時代で、しかも、悪性化する可能性があるとともに胞状奇胎発病後は再度の妊娠が難しいとさえ一般に思われていた中での発表は、その後二年間（注・新たな妊娠と病気の再発の見分けがつかぬため）、次のご懐妊をお待ちにならなければならなかった皇后様にとり、どれだけお辛いことであっただろうと想像されます。それでも、できるだけ国民から病状を隠さないという、陛下のお考えに添って発表が行われています。

これに続いて陛下のご病気の時にも、同じお考えで、発表が行われたことを記しておられる。

このようなことを、その後にお生まれになったお子さまたちにもきちんとお伝えになっているということに感動する。流産という皇后さまの大変でいらした時のことも、ご家族で、きちんと共有しておられたのだ。

あの流産のあと、もうご懐妊は無理とか、お控えの第二皇子も望めないのかなど心ない噂も多くあった。どんなに傷つかれたことだろうかと、今も心が痛む。それだけに、その時のことが、きちんと記録されているということに、驚きと安堵を覚え、同時に噂話というものの無責任さも思うのだ。

その十年以上後、お一人で葉山で療養しておられた当時のことを思い出して詠まれたものだと思われる美しい御歌が忘れがたい。

汐風に立ちて秀波《ほなみ》の崩れゆくさま見てありし療養の日日

（昭和五十年）

それにしても、その後、秋篠宮さま、紀宮さまとお二人がお生まれになり、三人のお子さまを育てられたことは大変でいらしたとは思うけれど、浩宮さまに続いて親王、内親王と続かれたわけで、男の子二人の後で、「小さな清子《さや》が来てくれた」ことの喜びを、記者からの質問に対するご回答の中でも嬉しそうに話しておられた。両陛下のこの時のお幸せを思う。

皇后さまはこの時のご病気や、肉体的な「困難」にあわれたことは他にもあるが、やはり記憶に残るのは、お声を失われた平成五年のことだろう。陛下と紀宮さまとご一緒に葉山御用邸でご静養中の皇后さまを、島多代さんとお見舞いにうかがった。

前もって紀宮さまがご説明してくださったように、お声が出ないために筆談用にメモ帳と鉛筆を手にしてお出まし下さった皇后さまのお姿は、あまりに痛々しく、思い余って「こういう時に精神科医とかカウンセラーとかの助けを借りることはできないのでしょうか」とお尋ねしてしまった。ストレスのためにお声を失うなどということが、一般社会に置き換えてもあまりに過酷な状況に思えたからだ。

あの時皇后さまはかすかな囁くようなお声で、仮に内容が秘匿されるとしても、他の人々に関わることを自分から口にすることはしたくない、とおっしゃった。皇后さまの良き相談相手であり、皇后さまのことを「kindred《キンドレッド》 soul《ソウル》」（自分と類似の魂を持った人）とまで呼んでおられた精神科医の神谷美恵子《かみやみえこ》さんにさえ、かつて宮中の人間関係などについては一言もふれられなかったという。全てをお一人の内に受け入れ、とどめようと努力しておられたのだろうか。

そういえば、私が、まだ二十代で至光社という出版社に勤めていた頃、『星の王子さま』の訳者、内藤濯《ないとうあろう》さんを囲む小人数の読書会があり、皇后さまもその会にときどき参加されていたため、その関係のお使いで東宮御所に伺ったことが何回かあった。

そうした時よく対応してくださったのが、若くて素敵な女官さんで、神谷さんのお弟子さんだと聞いた。たしかレバノンの詩人ジブランの英語版、『The Prophet』（預言者）の小型本をお届けした時もその方だったとおもう。神谷先生のご紹介があったのだろうか。

神谷さんの著作は、当時まだまだ若かった私にはあまりに立派で厳しく、また、鋭く、読んでいると息苦しい思いがしたりした。皇后さまはどうだったのだろうか。少し距離を置きたいと思ったりはなさらなかったのだろうか。

皇太子妃時代の皇后さまのことを、「やがて〈wounded《ウーンデッド》 healer《ヒーラー》〉になられるかも知れない」と神谷さんは親しい外国の友人に話していたことがあるらしい。「傷ついた癒し人」とでもいう意味だろうか。ノンフィクション作家、宮原安春氏の『祈り　美智子皇后』という本に記されている。

皇后さまについては、確かに、色々大変な年月を過ごしてこられたからこそ、神谷さんの言葉通りの今の皇后さまになられたと言えるのだろう。それでもその歩みは、私などには想像もつかない重責と孤独と向き合う戦いでもあったように、今感じる。お声を失われた時にも、ご発症の少し後に、お声の出ないまま、陛下とご一緒に四国にお出かけになった。今思い出しても涙が出そうになる。

苦しみは、時により人を浄化（Purify《ピューリファイ》）すると言われるが、皇后さまの場合、何事もその全てを黙って受け入れることにより、意識されずとも次第にその道をたどられたのではないだろうか。

あの時世界の大勢の作家、編集者、画家、ライブラリアンなどからお見舞いの美しいカードや絵本を託され、少しでも早いご回復を願い、御所にお届けしたことを思い出す。


お声を失われた時、初めて皇后さまから「でんでんむしのかなしみ」という新美南吉のお話を聞かせていただいた。やっと聞きとれるような、それはそれは小さなお声で話してくださったのだ。人は誰しも、何かしら悲しみを背負って生きているということをこの物語によって小さい頃に知ったという。「この方は、こんなに大変な時に、このようなお話、〈物語〉で乗り切ろうとしておられるのだ」と感動したのが忘れられない。

そして、その後、平成十年に皇后さまがインドのニューデリーでのＩＢＢＹ

〈国際児童図書評議会〉世界大会において基調講演をなさる時には、そのお話を講演の中心にされたので、それまで海外は元より、日本でもほとんど知られていなかったあの「でんでんむし」の物語を、多くの人が知るところとなった。

あの時、ニューデリーのご講演のためにVTR収録がされる二日前のこと、担当にあたった女性のディレクターから「お話の全てを校閲させていただきましたが、皇后さまのお小さい時には、まだあのお話が出版されていないので、皇后さまに確かめていただけますか」という連絡をもらった。こんな直前になって、講演の柱となるトピックが揺らいでしまう——。青天の霹靂という感じで、驚き、それを私からお伝えするのかと逃げだしたいほどだったのだが、これが自分に与えられた務めならばと思い、また、必ず何か方法があると覚悟を決め、それでも皇后さまがどんなにショックを受けられるだろうかと、少し気休めも添えて、ご連絡させていただいた。

私の気休めというのは、「作者の新美南吉の出身地である知多半島の方で、そういう昔話が言い伝えとしてありはしないでしょうか」というものだった。それを南吉が伝聞としてどこかで紹介していたのを聞かれたとか……。
「あの時は本当に驚いた」とふり返って皇后さまはいつも笑われるのだが、疎開以前の幼い日に聞かれ、疎開先で何度となく思い出したという記憶に間違いのあるはずはなく、しかし出版は戦後、という報告に困惑された皇后さまは、そのことをすぐ陛下にご相談になったようだ。陛下は沈着に「出版の時期と、それが最初に書かれた時期とは違うかもしれないから、そこのところをよく調べてはどうか」と言われ、私の気休めについては、「あのお話は人間の自我の問題を扱っているので、日本のいわゆる昔話にはないと思う」とおっしゃったという。日本という国そのものを隅々まで、どれほどよく分かっておられることだろうかと本当に驚いた。同時に、お互いに何とよく話し合っておられるご夫婦なのだろうかとも思った。

あのお話は、もしかしたら、どこかヨーロッパにその源流がありはしないだろうかと今振り返って考えている。そもそも南吉は外国語学校の出身であるし、若い頃は一ヶ月に三十ものお話を書き、方々の雑誌に発表していたというから、他にルーツがあっても決しておかしくはない。

それに、芥川の「蜘蛛の糸」なども、女性初のノーベル文学賞受賞者でスウェーデン人の「ニルスの不思議な旅」などの作者ラーゲルレーヴにその元があるのではないかとも考えられている。表現するということは、必ずしも、何もないところから創造するばかりではないということだろう。

結局は陛下がおっしゃるように、南吉が書いた時期は、皇后さまのご記憶と齟齬がないということがわかった。書かれたのは昭和十年、皇后さまが一歳の頃。成城学園を出られたお母上のご実家である副島家の、ハイカラな叔父さま方などから、幼少期にお聞きになっていたのかもしれない。

深い安堵を覚えると共に、このお話が、折に触れ皇后さまを励ましてきているのだということに、改めて大きな感動を覚えた。子どもの時に聞いたお話が、そのまま大人になってもその人を支えているということの、大いなる典型に違いない。

「お話」と言えば、私が関わっている、東北の被災地で子どもたちに絵本を届ける「3・11絵本プロジェクトいわて」の活動に、皇后さまは何回にもわたってご本をお送り下さった。あの震災の時、私自身は岩手に引っ越して一年にもならない時だったが、父の故郷である地に、このタイミングで移住していたことに何か運命のようなものを感じながら、真っ先に頭に浮かんだのは「子どもたち」のことだった。大変な状況に置かれることになった子どもたちに、何とか皆が心配しているのだと伝えたかった。

というのは、もう三十年以上も前になるけれど、私の二人の息子たちが六歳と八歳の時に突然、最初の夫、つまりは彼らの父親に死なれた時のことが重なったのだ。私が昔から絵本に関わってきたのは、この時のためではなかったかとさえ思った。

全国から届いたたくさんの絵本を車に積んで、平成二十三年四月四日に初めて被災地に入った。信じられないような光景の中でも、特に山田の町はものすごい瓦礫で、そこで出会った若いお坊さまの姿を撮影させていただいた。船も乗り上げた、とんでもない瓦礫の山の中を歩きながらひたすら祈りを捧げるその姿はあまりに神々しく、まるで、『ビルマの竪琴』の水島上等兵を見たような思いだった。

後に地元の新聞で読んだところでは、その若い僧は、自分には何ができるだろうかと悩み、結局は自分には祈ることしかできないと思い定めて、岩手県沿岸の北の久慈から宮城県の石巻まで祈りながら歩こうとしておられたのだ。

それで、こういう方がおられましたと、皇后さまに彼の写真をお送りし、お会いしたことをご報告させていただいた。皇后さまからすぐにお電話があり、「もう現地に入ったのね」と驚いたように言われた。一瞬、どんなに心急《せ》く思いでいらっしゃるのだろうかと思った。大きな災害が発生した時、天皇陛下と皇后さまはどんなにご心配でも、常々決して地元の迷惑にならないよう、よくよく時期を考えて動いておられることを存じ上げていたからだ。報道などで様々な映像をご覧になられていた分、ご心配も募っていらっしゃるようだった。

それにしてもあの若いお坊さまのことを、私は一生忘れないだろう。

皇后さまはボランティアの人たちに少しでもホッとしてもらいたいからと、ご自分がお持ちの絵本の原画をお貸しくださり、私たちの活動の拠点になっていた盛岡市中央公民館で小さな展覧会をさせてくださった。本当に嬉しかった。ボランティアばかりでなく、学校の帰りに寄ってランドセルを受付に預けて見て行った子どもたちの姿など、忘れがたい。

原画だけでなくて、ご自身の本棚からだろうか、その時々にふさわしい絵本も選び、お送り下さった。つまり、震災直後と、少し時間が経ち、幾らかでも子どもたちが元気になってきているだろうかという時とでは選書が違うのだった。

そして、その最後には、いまではほとんど手に入らないと思われる『新美南吉全集』を手をつくしてお送り下さった。そこにはご自分の南吉への感謝の思いが込められているような気がして、本当に貴重に思った。


若くして亡くなった南吉の仕事を、親友として後世に伝えるべく最後まで努力を続けた詩人の巽聖歌《たつみせいか》さんと、私は二十代の頃にお仕事をさせて頂いたことがある。いつかご自分の手で出版されたばかりの南吉の新しい文庫本をくださり、ご自分で署名をしながら、「こうやって人のことばっかりしているから自分の仕事がおろそかになるんですよね」と自嘲気味に私に訴えていたのが忘れられない。まだ若かった私としては、なんと答えていいかわからなかった。巽さんは父と同郷であるし、奥さまの野村千春さんは画家で、骨太の厳しい絵を描く方だった。
この巽さんが、皇后さまと南吉とを繋いだ人だったのだ。「星の王子さまの会」で巽さんと逢われ、南吉の死後、巽さんが苦労して編集した南吉の初の詩集『墓碑銘』を贈られた皇后さまは、その詩に心を打たれて、数編を英訳して英詩の朗読会で読まれたことがあった。この英訳のお仕事が後に、まど・みちおさんの東洋初の「国際アンデルセン賞」受賞へとつながってゆく。
皇后さまの御歌に、巽さんを詠まれたものがある。

「焚火」という詞書のある御歌。

山茶花《さざんくわ》の咲ける小道の落葉《おちば》焚《た》き童謡とせし人の今亡く

（昭和四十八年）

常々考えていたのだけれど、「悲しみに寄り添う」ということについて、資質というものはもちろんおありだとは思うけれど、皇后さまの場合お若い頃に神谷美恵子さんから受けられた影響も大きかったのではないかと今思う。あるいは、それよりも聖心女子大学時代の影響が強いだろうか。

恐らく「子ども捨てるなら正田の門へ」という言い伝えがあるほどの皇后さまのご実家、正田さんのご家庭、聖心での教育、神谷さんとの交流、更に皇室の良き伝統の中で、ご自分の心をたゆまず育てる努力をされて来たということだろう。私は両陛下がハンセン病の方を見舞っておられるお姿を見ると「なぜ私ではなく、あなたが」と心の中で神谷さんと同じ言葉を繰り返しておられるような気がしてならない。

話は少し逸れてしまうのだが、実は私も学生の頃、父について多磨全生園に行ったことがある。

母の従弟がハンセン病に関係する医者で、子ども相手にでも子ども扱いせず、プロミンという新しい特効薬のことなども彼から聞いていた。その人は私たち姉妹の憧れで、患者さんたちのことを「姿は大変だけれど、心の美しい人たちですよ」と繰り返し言っていたのが忘れられない。

　彼に教えられて、彫刻家である父・舟越保武《ふなこしやすたけ》は、のちに彫刻をつくることになる救癩《きゆうらい》の使徒と呼ばれたダミアン神父を知り、また全生園にいる方たちの頼みで十字架像を作ったのではなかっただろうか。その除幕式に、父はなぜか私を誘って一緒に行ったのだ。はっきりしないが、多分、私が自分の人生の分かれ道に立ち、将来について思い悩んでいるのを察して、誘ってくれたのだと思う。

　父は全生園の園長さんを心から尊敬し、長年にわたり文通をしていて、患者さんたちの文集などもいただき毎回読んでいた。けれど、私は、その時、本当に恥ずかしく申し訳ないことに、そこにいる方たちの目を見て話すことができなかった。このことは、今になってやっと口にできるようになった、つまり自分の情けなさのことを……。きっと、私は、もう少し楽な人生を生きたいと思っていたに違いない。

　それでも、結局は後に難病の息子を授かり、そのことによって、私自身は、なにほどかマシな人間になってこれたのではないかと思う。もっとも、息子自身にとってはそんなに簡単な話ではないだろう。それでもなお、幸福のように見える不幸、不幸のように見える幸福という言葉は誰が言ったのだったか、様々な経験を通じて、心の底から実感できる人生の真実のような気がする。

いつか夫と長野県の富士見にあったベネディクト会修道院に、皇后さまも英詩朗読会で知り合われたアメリカ人のニール・ローレンス老神父やその仲間の方たちを訪ねたことがある。やはり彼を訪ねてきていた日本文学研究家のサイデンステッカー氏にもそこで偶然お会いし、なぜか話が沖縄のことになった。その時、もうかなりお年を召していらしたサイデンステッカー氏が目に涙をためて、ご自分が参加した沖縄戦の悲惨を語られた。広島も経験したけれど沖縄は更に辛く悲しいと。思いもかけないことで、私は驚きのあまり、なんと返事をすればいいのか戸惑ってしまったことを覚えている。

そういえばニール神父も、沖縄戦に参加して、そのあまりの悲惨さにうちのめされ、戦後、勉強し直して軍政府の経済部長になり、志願して沖縄に赴任し、やがて、修道院に入ったという経歴の持ち主だった。そして、短歌に魅せられてご自分でもつくっておられた。

いずれにせよ、あの二人の素晴らしいアメリカ人は、沖縄戦に深く影響を受けた人たちだった。ニール神父の遺灰は沖縄の海に撒かれたのだが、両陛下が沖縄のことを深く思っておられることを彼等はどこまで知っていただろうか。もちろん知らないはずはないけれど。

御歌集『瀬音』に次の一首がある。

いたみつつなほ優しくも人ら住むゆうな咲く島の坂のぼりゆく

（昭和五十一年）

まだ皇太子妃時代、宮中の歌会始に、「坂」というお題のもとに詠進されており、初めての沖縄訪問の際、ハンセン病の人たちを見舞われた時のことを詠まれた御歌だ。これよりも早い昭和四十七年の沖縄復帰の年には、

雨激しくそそぐ摩文仁《まぶに》の岡の辺《へ》に傷つきしものあまりに多く

（昭和四十七年）

の御歌がある。

どちらも沖縄に寄せた御歌だけれども、この二首の中に詠まれている人々の「痛み」や「傷」に寄せる皇后さまのお気持ちは、この御歌集のあちこちに見られ、その対象も様々だ。

シベリアでの長い抑留生活を記録した歌集を贈られた後には、期待していた春に、またしても帰国を許されることのなかった抑留者の失望にお心を添わせ、「早蕨《さわらび》」と題する次のような御歌を詠まれている。

ラーゲルに帰国のしらせ待つ春の早蕨《さわらび》は羊歯《しだ》になりて過ぎしと

（昭和五十三年）

そしてこれは比較的近年の御歌なので『瀬音』には収められていないのだが、何らかの「痛み」に耐えつつ、ひたすら「待つ」人全て――その中には、どうしても私たちは横田さんを初めとする拉致被害者の家族の姿も垣間見てしまうのだけれど――が詠み込まれているあの御歌。

帰り来るを立ちて待てるに季《とき》のなく岸とふ文字を歳時記に見ず

（平成二十四年）

この世が喜びと共に悲しみもこのように多いのだから、その悲しみに出来る限り寄り添うことをお心に決めて過ごされたのが両陛下のこの三十年であった。更にその助走はすでに、皇太子皇太子妃の時代から始まっていた。お二人が共にされた六十年に近い年月こそは人々の痛みに心を馳せ、ご自身も傷まれつつ歩まれた年月であったのだと、こうして御歌を振り返るだけでも感じられる。

そして全身全霊でその時出来ることをされると共に、そこにいつも祈りがあったことが、両陛下が何よりもまず皇室の神事を大切にされて来た過去のお姿からよく分かる。

国民の幸せを祈ることをご自分たちのレゾンデートル（存在理由）としておられる両陛下だが、特に陛下が夕《よい》、暁と、長時間をかけてその年の収穫を感謝され、神様にお供えになると共にご自分でも召し上がる新嘗祭《にいなめさい》のお儀式のことは、いつ聞いても心打たれる。高齢になられて、ようやく時間をやや短縮することをお許しになられたとは伺っているが。

また、この祭祀の間、皇后さまは陛下にお心を合わせるように、その年に全国から奉納されたお米と粟の名前を毛筆で一つ一つ紙に書き写すなどして過ごしておられるというのだ。「あきたこまち」「ひとめぼれ」「ゆめぴりか」等と書かれるのだろうか。

そして祭祀が終わり御所にお帰りになった時の、陛下（当時は皇太子）のお召し物が冷え冷えとしている様子を詠んだ皇后さまの御歌がある。どんなにお寒かったことだろうかと心を寄せるあたたかな思いがそこには溢れている。

「夜寒」という詞書のある御歌。

新嘗《しんじやう》のみ祭果てて還《かへ》ります君のみ衣夜気《ころもやき》冷《ひ》えびえし

（昭和五十四年）

考えてみればお二人は、ほとんどお年も同じで、戦争中のご経験も理解しあうところが多いのだろう。それに陛下は科学者であられ、皇后さまはどちらかというと芸術家肌で、そういう意味でもお二人の組み合わせは、絶妙だ。また、お二人それぞれがお互いの分野を尊重し、理解しようと努め合っていらっしゃることも素敵に思う。

両陛下がいつも人々の悲しみや傷みに寄り添っていて下さる方であると同時に、人々の喜びにも深く共感して下さる方であることに気付く時、私たちは改めて両陛下がそれぞれの中で年月をかけて育てて来られた広く豊かなお心の領域を思うのだ。そして、皇后さまがまだお若い頃から今日まで、どれだけ多くの優れた人材と出会い、それをご自分の学びとされて来たかを想像する。

いつだったかもう大分前になるけれど、お誕生日の記者会へのご回答で、皇后さまはご自分がこれまで「常に導かれる側にあって歩いてまいりました」と書かれていた。日本の古典を永年にわたり学ばれた五味智英《ごみともひで》さん、和歌の五島美代子さんや佐藤佐太郎さん、英文学の斎藤勇《たけし》さんや平野敬一さん、平井正穂《まさお》さん等といった学問の師はもとよりだが、特に師弟の関係などではなくとも少し離れた所で、いつも皇后さまを大切に思い、何かを学ばれようという時には優しくお力になっていた方々、僅かな例だが、音楽では渡辺暁雄《あけお》さんや三善晃さん、文学では辻邦生さんや竹西寛子さんのような方たち。

そして今、私自身にも深い想い出があり皇后さまもとても懐かしく思い出していらっしゃるに違いないと思うのは音楽評論家の吉田秀和さんだ。皇后さまと晩年の吉田さんの交流は特に美しい。私は生前の吉田さんが新聞に書かれる随想をいつも楽しみに読んでいた。時には、それは必ずしも音楽と関係がないようなテーマの事もあって、それが、また嬉しかったりした。

私が忘れられないのは、もう四十年近く前のことだけれど、「二十世紀には、もうオペラの傑作は出てこないと思っていたが、これだけは別だった」と、英国のベンジャミン・ブリテン作曲の「ピーター・グライムズ」が日本に来るのを待ちきれず、一足先に韓国に行って見てきた、と興奮して書いておられるのを目にしたことだ。私はそれを読んで、まだ日本公演に間に合うことを確かめて、上野の東京文化会館に「ピーター・グライムズ」を見に行った。とっさのことで、誰かを誘うということも考えず、たしか一人で行ったのだと思う。そして、それは本当に素晴らしかった。舞台の始まり方を初めとして、セットも、何もかも素敵だった。何かを表現するということはこういうことなのだと思った。

ストーリーは悲しく、でも描かれていたのは、普遍的な人間の悲しさではなかっただろうか。考えてみれば、ディッケンズなどにも出てくるけれど、英国では貧しい孤児たちが、労働力として売買されていた時代だった。そういう子どもを使っていた漁師のピーター・グライムズが子どもを死なせてしまうという話で、私にとっては忘れられないオペラだ。

以来、勝手に吉田秀和さんに恩義と親しみを感じてきたので、その吉田さんと、皇后さまのお誕生日のレセプションでお目にかかり、このような方が皇后さまのお近くにおられると知り、本当に嬉しくなった。

吉田さんが晩年に出版された本に、『永遠の故郷』という実に美しい四冊本がある。それぞれ『夜』『薄明』『真昼』『夕映』と題されており、この中の三冊目『真昼』の中に、皇后さまがとてもお好きな「雪のなかの眼」という一章があることを伺っていた。この中でとり上げられているシューマンの歌曲「初めての緑作品三五―四」の伴奏を、たしかその後皇后さまは草津の音楽祭で弾かれている。

実はこの『永遠の故郷』の中で、吉田さんは本当に優しく、しかもつつましく、皇后さまへの友情を表している。恐らくは、ほとんどの人がそれとは分からぬつつましさで。

それは、第二冊目の『薄明』の中、「姉と兄たちに」と献辞のついた最初の章「夜明けまで」に次ぐ第二の章で、題名は「《聖母の子守唄》」、下に「E・M・に」、と記されている。ブラームスには、誰でもが知るあの有名な子守唄の他に、もう一つの素晴らしい曲、「宗教的子守唄」があり、これが前者と比べても「もっと心の深いところまでゆく」と記していて、日本ではよくドイツ語の原詞から「宗教的子守唄」または「聖なる子守唄」と訳されているが、吉田さんはあえて「聖母の子守唄」としてこの一章を「E・M・」に贈るものとしているのだ。

この、特に注意をひかぬ「E・M・」が、最終冊の『夕映』で、「シューベルトの歌（Ⅰ）」の題字の下に、今度は「再びE・M・に」として再登場する。E・M・についての記述はここでも何もないのだけれど、この章で「夢か幻か現《うつつ》かわからないような、限りなく優しく、絶望的なまでに懐しい歌」と書かれているところから、吉田さんのシューベルトの歌に寄せる深い愛情が伝わって来る。

そしてこの『夕映』の中にはもう一ヶ所「三度《みたび》E・M・に」として、「シューベルトの歌（Ⅱ）《水の上で歌う》」の一章が挿入されている。さすがにここに来て、皇后さまもこの美しく大好きな歌に寄せた一文が、ご自分（Empress Michiko）に宛てて書かれているのだということに気付かれる。

この最終冊『夕映』で、晩年の美しい著作『永遠の故郷』を終えた吉田さんは、「あとがき」でこの作品全体の構想が途中から大きく変わり、最後にこれだけシューベルトに頁をさいた理由をそっと明かしている。

……集中的にシューベルトをこんなにたくさんとり上げるだろうとは予想してはいなかった。

でも、ある時、ある方にお目にかかったら、たまたまこの本が話題に上り、〝シューベルトはいつ出てくるのか？　彼にはこんな歌、あんな歌と素晴しいもの、懐しいものが幾つもあるのに〟という話になった時、その時あげられた歌の幾つもが――いや、ほとんど全部が、私の考えていたものとぴったり一致していたのにびっくりした。そうして、この方は本当に音楽が好きなばかりか、りっぱに一家言をもっていらっしゃると感じました。その方は特にシューマンの《初めての緑》にふれた「雪のなかの眼」（『永遠の故郷――真昼』所収）の話が気に入られたとみえ、「あの歌の伴奏のピアノをひきたくなった」と洩しておられたことも忘れられません。

相変わらずE・M・も「ある方」がどなたかも言わず、ただ静かな敬愛と、恐らくは大変な立場をこれまで健気に生きて来た方への温かないたわりをも込められていると感じられ、素敵なことだと思った。

吉田さんの本の中には、米国の黒人問題との障《さわ》りから今ではほとんど忘れ去られた作曲者となったスティーブン・フォスターのことも取り上げられている、と、いつか皇后さまが驚いたようにお話しになったことがあった。

皇后さまが特に少女時代に愛唱されていたという「金髪のジェニー」や「夢路より」は私もとても好きな歌だ。皇后さまは「金髪のジェニー」の歌を、大好きだった母方の叔父さまの歌声で覚えていらっしゃる。海軍の軍人さんで、まだ小さかった皇后さまは、この軍服姿も凜々しい叔父さまの結婚式の時にヴァージン・ロードに花をまくお役だった。練習の時に、つい野球のオーヴァースローのように勇ましく投げてしまうのを、まわりの人たちが、「ミチコちゃん、上からではないのよ。下から、静かにね」と口々に言っていた、とおかしそうに、懐かしそうに話しておられた。もしかしたら、この叔父さまが、皇后さまに新美南吉の「でんでんむしのかなしみ」を話して下さった方では、と想像したくなる。

吉田さんのように、かなり晩年に近くであっても接点を持たれたお人とは違い、その生前に遂に会うことがなく、しかしたった一冊の、それも小さな、たった三十頁程のうすい私家版の隻句抄《せっくしょう》で皇后さまと結ばれている方もあった。

平成十六年、相次いで古稀をお迎えになった両陛下をお祝いして都内で開かれた展覧会に、その本は本当に静かに置かれていた。むしろ出展は白樺の彫りのある書見台の方で、それが書見台であることを示すためにそこにそっと添えられているかのようだった。そして、本の表紙には「言葉の木蔭　宇佐見英治《うさみえいじ》」と記されてあった。

後で見せて頂くと、この小さな本は平成十三年作者の逝去前年に出版された五十部の限定版で、皇后さまにはその二十番目が作者の墨の署名と共に贈られている。美しい造本は鎌倉にある「シンジュサン」という、蚕と同じように糸を吐く虫の名前の工房だ。詩人・宇佐見英治がそれまでに書いたものの中から、自分でこれをと思う言葉を拾って小冊子に編んだもので、あとがきの最後には「書中せめて一句でも読む人の心にとどまらんことを」と記している。

そして、「どうして私が頂けたのだろう」と訝《いぶか》られながらも、皇后さまは大切にここに編まれた隻句を読まれ、その幾つかを心に留められた。

「生きるためには言葉の木蔭がどうしても必要だ」

「人間のほんとうの共同体は生者と死者から出来ており、そして生きている者より死者の方が遥かに多いということが書棚ほど自然に感じられるところはない」
「……人間は真昼に迷う」

皇后さまは今もって、この小さな一冊の本が、どのようにしてご自分の手元に来たか、よく分かっておられないという。よく本を注文されていた書房の人が、著者から預かって届けてくれたのだろうか。
それまで皇后さまが宇佐見さんのもので読まれていたのは全て宇佐見さんの翻訳した本で、例えばハーバート・リードの『イコンとイデア』、『テイヤール・ド・シャルダン著作集』など。そういえば『イコンとイデア』については、いつだったか「イコンについて知りたくて求めたけれど、私には少しむずかしかった。またいつか読み直したい」と言っていらした。私にとっても積ん読してある一冊だ。『言葉の木蔭』を読まれて以来、強くひかれるものを感じられるのか、『海に叫ばむ』という歌集や、随筆集なども読まれたようだ。

一方、宇佐見さんといえば、私がまず思いつくのは宇佐見さんも研究していたフランスのガストン・バシュラールだろうか。まだ「すえもりブックス」をしていた頃だが『パシュラル先生』というタイトルの絵本を出し、皇后さまがとても面白がって下さった嬉しい思い出がある。

そしてあの平成二十七年の歌会始が来る。この年のお題は「本」。皇后さまの御歌は、

来《こ》し方《かた》に本とふ文《ふみ》の林ありてその下陰に幾度《いくど》いこひし

（平成二十七年）

だった。「宇佐見さんからあの御本を頂いていなかったら、この歌はなかったかもしれない」と沁々とおっしゃっていた。

そして平成三十年、この本と同じ題を持つ『言葉の木蔭』という立派な本が、「港の人」という鎌倉の書房から出版されている。宇佐見さんの沢山の随筆が網羅されているときくが、この本が最初に皇后さまを宇佐見さんの著作に向かわせ

た隻句抄と同じ題をもつことを、皇后さまはきっと懐かしく思っておられるに違いない。

限られた、自由の少ないご生活ではあったに違いないが、皇后さまはその中で、いつしか大勢の人との間に温かいつながりを持つようになっていかれた。皇后さまが心を込めて人々のために祈っておられるのと同じように、今、多くの人々が皇后さまのお幸せを祈っている。

最近目にしたテレビの映像で、皇后さまは子どもたちと何かの苗木を植えていらした。植樹の時にはこれまでも鍬の刃が子どもの手に当たらないよう、いつも充分に気をつけていらして、早々《そうそう》に、鍬をおいて、子どもと同じように手で土を寄せられる。

初夏《はつなつ》の光の中に苗木植うるこの子供らに戦《いくさ》あらすな

（平成七年）

ふり返ると平成は、明治、大正、昭和と、常に戦《いくさ》のあった時代の後に来た、近代では初めて戦争のなかった時代だ。

しかし悲しいことに、平成の三十年間は度重なる災害の時代でもあった。これまで多くの人が傷つき、その中で多くの人が信じられない程の力と忍耐を示し、子どもたちも健気に生きぬいている。

皇后さまは大災害があった当初、自分の無力感と戦う事が精一杯だったと述べていらしたことを記憶している。しかし気丈に災害に立ち向かう被災地の人々の姿に励まされるようにして陛下と共に被災地をめぐり、被災者の多くと悲しみを共にしてこられた。その時々の両陛下と被災者が、共に寄り添い合っているような光景は忘れられない。

また、戦争の悲しい記憶に苦しむ人々が、まだ沢山いた昭和の時代から、両陛下は慰霊を一つの使命と考えておられたように思う。

原爆の被害者はもとより、沖縄を初め、戦後も連合軍の占領下に置かれた島々、更にフィリピンを初めとする、かつての戦乱の地も訪れ、そこで倒れた敵、味方、全ての犠牲者を追悼された。

またそれに加え、私は両陛下が伝統と革新の両方を、まさに車の両輪のようにして、本当に日本らしい皇室の一時代を築かれたと思うのだ。

ダイアナ妃やケネディ夫人のような人が出るたびに、日本の皇室の伝統にしばられたような変化のなさが批判されて来た。そうした中、両陛下が過ぎゆく時代とこれから来る時代とを共に大切にし、皇室に静かな、波の立たない、しかし確かな前進をもたらされたことは本当に素晴らしいことだったと思う。

以前皇后さまが、「『静かに行くものは健《すこ》やかに行く。健やかに行くものは遠く行く』という言葉、誰の言葉か分からないけれど、私は好きなの」と言われたことがあった。

本当に静かに遠くまで来られ、今そのことが世界の多くの国、特にヨーロッパ王室の次の世代の方々から畏敬の念をもって評価されていることは、最近日本を相次いで訪問されたベルギー、ルクセンブルク、スペインの元首方の国賓としてのスピーチにもよく表れている。

陛下がご譲位への意向をにじませる放送をされてから、もう二年以上が過ぎる。

ご譲位の日時が近づいているなか、ここまでやっと来たという思いがおありではないだろうか。もう少しですからどうぞ頑張ってください、と申し上げたいのだけれど、もう充分努めて下さった……と申し上げたい思いもある。

確かに、困難の中にあって、無理をしない愛情などというものがこの世にあるとは思えない。しかしその愛情が、六十年に近い生活の中で穏やかに、ゆるぎなく保たれて来たこと、そしてきっとそうした愛が支えとなり、陛下は象徴として、皇后さまはそのお志に寄り添う伴侶として、日々その義務を忠実に果たして来られたということは、実に祝すべき、希有なことだったと思う。

そして、嬉しいのは、さぞご苦労が多いだろうと思う両陛下のお姿やご生活に、暗い影の少しも見えないことだ。皇后さまが『橋をかける』の中で話された「愛と犠牲の不可分性」とは、まさに、このことなのかもしれない。

いつだったか御所をお訪ねした時に頂いたバラの花を、岩手の我が家の庭に大切に挿し木したのだけれど、それが今年いくつも花をつけた。こうやって皇后さまの思いも、少しずついろいろなところに伝わり広がっていくのではないだろうか。阪神・淡路大震災の後で皇后さまがお持ちになった皇居の水仙の花は、あの後、復興の街神戸のシンボルになっている。

ここまでこぎつけたのですから、両陛下、どうぞお大切にと申し上げたい。

平成二十五年、傘寿を迎えられた記者会見の席で陛下は、

天皇という立場にあることは、孤独とも思えるものですが、私は結婚により、私が大切にしたいと思うものを共に大切に思ってくれる伴侶を得ました。

と話され、少し涙ぐまれた。

六十年近く前、奇跡のようにこの「伴侶」に出会われた喜びと感謝のお言葉に、伺う私たちもどんなに幸せを感じたことだろう。そして陛下のそうしたお喜びこそが、皇后さまにとっては何よりのお幸せに違いないと思っている。

遥かな道のりを、手を携え、静かに、健やかに、遠くまで歩んで来られたお二人に、今はただ、心を込めて、ありがとうございました、と申し上げたい。

リンドウの花――あとがきに代えて

今しばし生きなむと思ふ寂光に園《その》の薔薇《さうび》のみな美しく

（平成三十一年）

皇后さまは、いまこういう歌をお詠みになった――と歌会始の放送を拝見して感慨深く思った。平成三十一年一月十六日、両陛下にとっては最後の歌会始だった。

皇后さまはいま改めてご結婚の決意をされた時のことなどを振り返ることも多

くおありではないかと思う。
昭和三十三年、ベルギーでの聖心世界大会に出席されてお帰りになった時には、陛下のお申し入れをやはりお断りしようと決心して帰国されたとのことだった。それでも、当時皇太子であられた陛下が、普通の結婚の幸せは約束できないけれどとおっしゃり、ご自分にとって一番大切なのは皇太子としての務めであることを説明されながら、それでもなお、結婚して欲しいと誠実に熱心に説得された。美智子さまはそのお心の定まりように、男性として、本当にご立派なことだと感銘を受けられ、最終的にお心を動かされ、ご結婚を受け入れようと考えるようになられたということだ。このことは、ご両親にだけはお話しになったようだ。

このところ、テレビで皇室に関する様々な番組を目にすることが多く、その中でも特に、胸を突かれるような思いで見たのは、皇太子時代に陛下が昭和天皇の名代としてエリザベス女王の戴冠式に参列された時のご様子だった。このときのことを知っていながら、そのように考えたことがなかったのだが、あの若さで敗戦国の皇太子としてかつての敵国を訪問されたということだったのだ。当然のように、厳しい新聞報道や反対運動にさらされたという。

でも、そこが大国だということだろうか、エリザベス女王が戴冠式の後、記念のダービーレースに誘ってくださり、一緒にバルコニーでご覧になったという。陛下は高校生の時、学習院の馬術部主将を務めておられたのだから、格別な思いでご覧になったことだろう。

それに、チャーチル首相も、訪英反対の記事を書いていたジャーナリズムの各社代表を皇太子さまと一緒に食事会に招き、即興で行き届いたスピーチをしてくれ、反日的な記事はトーンダウンしていったという。そして、皇太子さまに対して、「あなたには若さがあるのだから、これからのことをお考えになるように」というような話をしてくれたということだ。年長者として誠に素晴らしい態度だと思う。

それに関連して思うのは、第一次世界大戦終結百年記念だった二〇一八年（平成三十年）にワールド・ニュースで何度も見た、第一次大戦の激戦地、フランスのソンムの慰霊碑のことだ。

人々はみな特別な赤いけしの花を胸につけていた。その昔、昭和天皇は皇太子時代にヨーロッパを回られ、その時、エリザベス女王の祖父である英国国王ジョージ五世が「どこかを見るならば、ソンムにも行かれるように。戦争というものがどのようなものかがわかるはずだ」とこの激戦地を訪れるように勧めたとのことだ。やがて天皇になる若い皇太子に向けた誠実なアドバイスだったと思う。陛下が即位二十年に際し、戦争の続いた昭和の時代に触れ、「昭和天皇にとって誠に不本意な歴史であった」と言われた底には、このようなこともあったのだろうか。

そのようなことを考えると、現在の天皇陛下が皇太子の時に、特に外遊からお帰りになって、どれほど切実に人生の旅を一緒にしてくれる伴侶をお求めだっただろうかと思われる。いくらお付きの人がついていたにしても、十九歳というあのお若さで、たった一人、天皇の名代として、かつての敵国を訪問するということの孤独を思わないではいられない。

そして、いま天皇としての平成の旅が終点に近づいてきている。

十二月二十三日は天皇陛下のお誕生日だった。それに先立って行われた記者会見の様子をテレビで拝見したが、感動で胸が痛くなり、涙がこぼれ、その日は一日中、心の奥が震えていた。

「平成が戦争のない時代として終わろうとしていることに、心から安堵しています」と言われた時、陛下は少し涙ぐみ、お声が震えておられたようだった。それほどまでに真剣に考えておられるのだと今更のようにやっと思った。考えてみれば当然とも言えることだったのに、そこまで考えが及ばなかったことが申し訳なくてたまらない。

会見場には陛下お一人で出られたけれど、皇后さまがすぐお近くに控えておられたようだ。まさにそれがお二人の有り様だと思う。

パリに住む私の妹が、ニュースで会見のご様子を拝見して、感激して涙が止まらなかった、と電話をくれた。そのように思った人が世界中にどれほどたくさんいたことだろうか。岩手の友人はこの感動をそのままにできない、記帳してくる、と新幹線に飛び乗り皇居へ向かった。彼女のフットワークの軽さを心から羨ましく思った。

もちろん、度重なる自然災害に見舞われた時代ではあった。しかし、いつか被災した老婦人が、「戦争と震災とどちらが大変ですか」と聞かれて、吐き出すように「戦争に決まっているでしょ」と言っていたのが忘れられない。

天皇誕生日の一般参賀の様子をテレビで見ていると、誰か若者が大きな声で、「ありがとう」と叫んでいた。なんていいんだろう、と思い、そして、みんなの気持ちを代弁しているとも思った。両陛下には、聞こえなかったと思われるが、そういう若者が確かにいた。

そして、ご譲位のその日まで、陛下が無事にお務めをお果たしになられるようにとの思いは皇后さまにはどれほど切実なものかを考え、胸がいっぱいになる。

平成二十五年に私の夫が八十四歳で亡くなったのだが、最後はどのようだったのかと、皇后さまは最近よくお尋ねになる。つまり、最後まで話はできたのか、というようなことを……。話はあまりできませんでしたが、概ね機嫌よく、平和に送り出しました、と申し上げると、ホッとされるようだ。

そういえば、夫がまだ元気で、鎌倉にいた頃のこと、両陛下が葉山にご滞在中に一緒にお招きいただいたことがあった。夫もちょうど前立腺のことでお医者にかかっていたので、陛下と同病相憐れむというようにその話になって、夫は何だかとても得意そうで嬉しそうだった。

つい数日前、平成三十一年二月一日に発表されたことだが、皇后さまが、ミュンヘン国際児童図書館の名誉会員に就任された。この図書館は、ＩＢＢＹ（国際児童図書評議会）と同じくイエラ・レップマンによって創立されたもので、ＩＢＢＹと緊密な関係のもとに活動してきており、戦後の疲弊した社会の中で子どもたちに飢えを満たす食料とともに、心を養う本を見せたい、それを通じてより平和な世界を作りたいとの思いから作られた。今では世界百三十を超える国から六十五万冊もの本が集められ、世界各国の研究者への奨学金事業などを行っている。

名誉会員は、象徴的な存在であって、何かの責務を負うものではないとのこと。これまでの名誉会員はエーリッヒ・ケストナーとアストリッド・リンドグレーンの二人で、皇后さまはそれに次ぐ三人目なのだ。皇后さまは何だか気恥ずかしそうにしておられたけれど、素晴らしいことだと思う。

そして、二〇一八年（平成三十年）に初めて中国からＩＢＢＹの会長に選出された張さん（Zhang Mingzhou）は、私もバーゼル大会以来の知己と言ってもいいほどの馴染みなのだけれど、彼は中国東北部のソ連との国境近くの貧しい家庭に生まれ、お父さんは学校の先生だったが、家には本もほとんどなかったという。それでも五人の子どもが望めばどんなことをしても学校に行かせるから、と言っていたそうだ。民兵訓練で使われた薬莢などを拾って売ったお金で、お菓子を買おうと近所の店にいったとき、一冊の絵本に目がいき、お菓子を買わずにその本を買って帰ったことがあったという。柳の種が世界の果てまで旅をするという内容の絵本だったとのこと。

その後、夢だった外交官になったが、下っ端のうちは給料が安く故郷のお母さんに仕送りができない。それで、思い切ってやめて旅行会社に勤めることになり、その時にＣＢＢＹ（ＩＢＢＹの中国支部）の人たちがＩＢＢＹバーゼル大会に参加する際の添乗員をすることになった。彼はバーゼル大会で皇后美智子さまのあのスピーチを聞き本当に感動したと何回も話してくれた。そのスピーチによって子どもの本の重要性に目覚め、CBBYに入会し、IBBYの仕事もするようになり、ついに会長にまでなった。彼にとっては、すべてが皇后さまのバーゼルでのお話から始まったのだった。

昨年の皇后さまのお誕生日に、私は縁あって地元の岩手県八幡平で生産された「リンドウ」の花をお持ちした。どうかしら、と心配に思いながらお持ちしたのだが、お気に召していただけた。

そして、後で知ったことだが、八幡平では、リンドウをアフリカのルワンダと協力して、彼らが二十五年前のあの悲劇の後で、荒廃しきった国土を立ち直らせられるようにということだろうか、リンドウの栽培を指導していて、オランダの花卉《かき》市場に出荷するまでになっているということだ。それに岩手だと冬期は花の栽培はできないが、アフリカだと一年中花を咲かせることができるということだろう。

実は、私にも、IBBYの友人でルワンダ出身の人がいる。彼女は、結婚してスイスに住んでいるのだが、故郷の悲劇を知り、子どもの本の出版社をルワンダで立ち上げた。現在も、素晴らしく素敵な本を精力的に出版している。

そして、なんだか不思議なことだけれど、リンドウの花言葉は「悲しみに寄り添う」だという。「悲しみに寄り添う」ことをご自分たちの存在の大きな理由と考えてこられた皇后さまはこの花言葉をご存知だっただろうか。

陛下のご譲位に伴い上皇后になられても、皇后さまを尊敬し、皇后さまにならって、自分の務めを果たそうとする人たちが、世界中にたくさんいるのだと思う。ミュンヘンの図書館のことは、そのいい例だ。

毎年十月二十日に行われてきた皇后さまのお誕生日の集まりは、皇后さまが皇后さまでいてくださることに心から感謝する日だった。まるでThank you for being you. とでも言いたい——私はそのように思ってきた。

平成三十一年二月
岩手県八幡平市にて

末盛千枝子

初出　「波」二〇一八年一月号〜九月号
単行本化にあたり、加筆・修正をしました。

巻頭に掲げたのは、皇后さまが「誰の言葉か分からないけれど、私は好きなの」とおっしゃる言葉。もとはイタリアの経済学者ヴィルフレド・パレートのモットーであり、作家の城山三郎氏が愛着をもって訳した。詳細は城山氏の『静かに 健やかに 遠くまで』（新潮文庫）に触れられている。

編集部

カバー　安野光雅
（Ⓒ空想工房　データ提供　安野光雅美術館）
挿絵　舟越保武
装幀　新潮社装幀室

末盛千枝子（すえもり・ちえこ）

1941（昭和16）年東京生まれ。父は彫刻家の舟越保武で、高村光太郎によって「千枝子」と名付けられる。4歳から10歳までを疎開のため父の故郷盛岡で過ごし、その後東京に移住。慶應義塾大学卒業後、絵本の出版社である至光社で働く。皇后美智子さまとの最初の出会いもこの頃だった。8年間、主に海外版の編集に携わり、結婚を機に退社。「夢であいましょう」などの音楽番組を手がけたNHKのディレクターとの間に2人の息子をもうけるが、結婚から11年後に夫が突然死する。夫の死後、G.C.PRESSで再び絵本の出版を始め、最初に出版した本のうちの一冊『あさ　One morning』（舟越カンナ文・井沢洋二絵）が1986年にボローニャ国際児童図書展グランプリを受賞、ニューヨーク・タイムズ年間最優秀絵本に選ばれ、国内でもサンケイ児童出版文化賞を受賞するなど、話題となった。

1988年には株式会社すえもりブックスを立ち上げ、独立。以後、センスの良い美しい絵本を次々と世に送り出していく。中でも、まど・みちおの詩を皇后さまが選・英訳された『THE ANIMALS 「どうぶつたち」』や、1998年ニューデリーでの皇后さまのご講演をまとめた『橋をかける　子供時代の読書の思い出』は大きな反響を呼んだ。2002年から2006年まで、国際児童図書評議会（IBBY）の国際理事を務め、2014年には名誉会員にも選ばれた。

2010年に岩手県八幡平市に移り住み、その地で東日本大震災に遭う。現在は、被災した子どもたちに絵本を届ける「3.11絵本プロジェクトいわて」の代表を務めながら、講演や執筆など忙しい日々を送っている。

著書に『「私」を受け容れて生きる』『人生に大切なことはすべて絵本から教わった』『小さな幸せをひとつひとつ数える』などがある。

根《ね》っこと翼《つばさ》
皇后《こうごう》美智子《みちこ》さまという存在《そんざい》の輝《かがや》き

著　者
末盛千枝子《すえもりちえこ》

発行　2019. 3. 30

発行者　佐藤隆信
発行所　株式会社新潮社
〒162-8711
東京都新宿区矢来町71
電話　編集部 03(3266)5611
　　　読者係 03(3266)5111
https://www.shinchosha.co.jp

印刷所　株式会社精興社
製本所　加藤製本株式会社

乱丁・落丁本は、ご面倒ですが小社読者係宛お送り下さい。
送料小社負担にてお取替えいたします。
価格はカバーに表示してあります。

ISBN978-4-10-340022-6 C0095